学 前 教 育 经 典 译 丛

有效早期学习的特点：
帮助幼儿成为终身学习者

[英]海伦·莫勒特 (Helen Moylett) /主编

北京师范大学学前教育研究所 /组织翻译　　王兴华　杨帆　等 /译

Characteristics of
Effective Early Learning:
Helping Young Children Become Learners for Life

北京师范大学出版集团
BEIJING NORMAL UNIVERSITY PUBLISHING GROUP
北京师范大学出版社

版权声明

Helen Moylett

Characteristics of Effective Early Learning: Helping Young Children Become Learners for Life

ISBN：9780335263264

Original edition copyright © 2013 by Helen, Moylett. All rights reserved.

Simple Chinese translation edition copyright © 2024 by Beijing Normal University Press (Group) Co., LTD. All rights reserved.

北京市版权局著作权合同登记号：01-2018-6681

图书在版编目（CIP）数据

有效早期学习的特点：帮助幼儿成为终身学习者/（英）海伦·莫勒特（Helen Moylett）主编；王兴华等译. —北京：北京师范大学出版社，2019.8（2024.8重印）

ISBN 978-7-303-24797-4

Ⅰ. ①有… Ⅱ. ①海… ②王… Ⅲ. 儿童教育-早期教育 Ⅳ. ①G61

中国版本图书馆 CIP 数据核字（2019）第 132503 号

图书意见反馈　　　gaozhifk@ bnupg. com　　010-58805079
营销中心电话　　　010-58802181　　58802755

出版发行：北京师范大学出版社　www. bnupg. com
　　　　　北京市西城区新街口外大街 12-3 号
　　　　　邮政编码：100088
印　　刷：天津旭非印刷有限公司
经　　销：全国新华书店
开　　本：889 mm×1194 mm　1/16
印　　张：11
字　　数：190 千字
版　　次：2019 年 8 月第 1 版
印　　次：2024 年 8 月第 2 次印刷
定　　价：38.00 元

策划编辑：罗佩珍　　　　　　责任编辑：罗佩珍　刘晟蓝
美术编辑：焦　丽　　　　　　装帧设计：焦　丽
责任校对：段立超　王志远　　责任印制：陈　涛　赵　龙

译者序

　　20世纪五六十年代新的科学技术革命改变了教育和学习的意义，使人类进入学习型社会。自此，终身学习的思潮持续影响着世界范围内的教育改革。联合国教科文组织在其出版的《学会生存——教育世界的今天和明天》一书中明确提出："教育应该较少致力于传递和储存知识，而应该更努力寻求获得知识的方法（学会如何学习）。"①世界范围内的学前教育实践也出现了从关注儿童"学什么"到关注儿童"怎么学"的新取向与新思路。2012年，我国教育部颁布《3-6岁儿童学习与发展指南》并提出学前教育应"以为幼儿后续学习和终身发展奠定良好素质基础为目标"②。人们在批评"单纯追求知识技能学习的做法是短视而有害的"同时，倡导要"充分尊重和保护幼儿的好奇心和学习兴趣，帮助幼儿逐步养成积极主动、认真专注、不怕困难、敢于探究和尝试、乐于想象和创造等良好学习品质"。但在实践领域，长期以来我们更关注教师"如何教"，对儿童"如何学"则重视不够，尤其对学前阶段幼儿学习的独特性认识不足，开展的相关研究也较少。在此背景下，我们选择翻译《有效早期学习的特点：帮助幼儿成为终身学习者》这本书并把它介绍给国内同行，期望有助于国内同行了解早期教育相对发达的英国在政策与实践方面是如何理解与支持幼儿学习的，引发大家对幼儿学习问题的思考与研究。

　　"学习"对大家来说，可能是既熟悉又陌生的一个词。熟悉是因为我们都有多年的学习经历，或者说每天都在学习；陌生是因为学习是一个复杂的过程，目前甚至没有一个公认的定义。来自认知科学、计算机科学、教育心理学、人类学、应用语言学等不同专业背景的学者都在研究学习这一现象，使其

---

　　①　联合国教科文组织国际教育发展委员会：《学会生存——教育世界的今天和明天》，华东师范大学比较教育研究所译，12~13页，北京，教育科学出版社，1996。

　　②　中华人民共和国教育部：《3-6岁儿童学习与发展指南》，188页，北京，首都师范大学出版社，2012。

成为一个跨学科的、广泛而复杂的研究领域——学习科学（learning sciences）。早期的研究更倾向于将学习看作个体层面知识与能力的获得，而最近的研究则承认学习具有个体和社会的双重性。[①] 例如，丹麦学者伊列雷斯（Illeris）[②]提出学习包括内容、动机和互动三个维度。其中内容与动机维度和个体的获得过程相关，互动维度则是个体和环境之间的相互作用。内容维度是指我们学了什么，比如知识、理解、能力，这是传统学习研究主要关注的部分；动机维度指动力、情绪和意志等在学习过程中表现出的品质特征，是学习过程不可分割的一部分；学习的互动维度是指个体与其所处社会及物质环境之间的互动。我们只有综合考虑这三个维度，才能理解个体学习的多样性。

在学术研究的范畴之外，关注社会成员的学习问题，让他们获得更多、更好的教育更是成为世界各国提高国际竞争力、实现可持续发展的重要举措。各国的教育改革首先关注的是学习的内容维度，即哪些能力和素养是日渐激烈的竞争型社会所需要的。接下来考虑的是互动维度，即该用什么样的方式来组织教学。在学前阶段，游戏是幼儿学习的主要方式已经得到了越来越多的国家的认可。对学习的动机维度还没有引起足够的重视，一些针对个体的干预措施也尚未显示出令人满意的效果。

在英国的《早期基础阶段法定框架》（*Early Years Foundation Stage Statutory Framework*）中儿童的学习与发展被描述为这样一个等式：

独一无二的儿童 + 积极的关系 + 支持的环境 = 学习与发展

可以说，这个等式反映了儿童学习的个体（独一无二的儿童）与社会（积极的关系、支持的环境）的双重性。在"独一无二的儿童"这一原则下，英国的《发展指南》（*Development Matters*）提出可以从三个方面观察儿童有效学习的特点：游戏与探索、主动学习、创造性与批判性思维。

一方面，这三个特点涵盖了学习的三个维度：游戏与探索关注了学习的互动维度，主动学习关注了学习的动机维度，创造性与批判性思维则考虑了获得

---

① Kund Illeris, *How We Learn*：*Learning and Non-learning in School and Beyond*, London, Routledge, 2007, pp. 6-21.

② *Ibid*. pp. 22-28.

过程中儿童的思维品质。另一方面,这三个特点也总结了儿童早期学习的规律:儿童主动发起学习活动,探索周围的人和物,并尝试用自己的方式来解释这些经验。

本书可以说是对英国《早期基础阶段法定框架》的解读,作者们从更广泛的学术背景与研究证据出发来解读上述三个有效早期学习的特点,同时提供了在实践中如何观察、评估幼儿有效学习的特点,并基于评估结果灵活设计教育活动的原则与建议。本书既有大量的研究与理论支持,又有丰富的实践案例,无论您是刚接触学前教育专业的学生还是经验丰富的实践工作者,本书都会帮助您从更广泛的视角来认识幼儿、了解他们是如何学习的。

本书由北京师范大学学前教育研究所组织翻译,具体分工如下:第一章、第二章、第四章的译者为王兴华,第三章的译者为许丹莹,第五章的译者为杨佳伶,第六章的译者为王智莹,第七章、第八章的译者为杨帆,全书由王兴华统校。翻译的不妥之处,还请见谅。

译者
2019 年 2 月
于北京师范大学

本书荐语

　　本书对修订版的《早期基础阶段法定框架》做了很好的解释、补充及拓展。不同学者在儿童早期学习这一重要话题上阐述了非常有价值的观点与想法。在写作过程中，学者们一方面借助经典的文献，另一方面也引用最新的研究，同时加入一些生动的案例来更好地解释理论观点。

　　海伦很好地组织了本书的结构，让儿童发展的过程既真实又生动地呈现在读者面前。

——玛丽恩·道林（Marion Dowling），早期教育专家，

英国慈善机构"早期教育"副主席

　　对于学前教育领域的学生和专业工作人员来说这会是一次投入、受启发的阅读体验，因为本书让《早期基础阶段法定框架》背后的儿童有效学习的概念变得鲜活。本书对发展与教育研究的梳理，能帮助读者更好地把儿童早期学习理论与教育实践联系起来。本书的亮点之一在于作者们始终把儿童看作主动的、有能力的学习者。在这一前提下读者可以反思教育者如何通过有效的课程计划与评估来支持每一个儿童充分发挥自己的学习潜能。作者们从不同的角度解释了早期教育实践背后的理论基础，并且给出了为儿童提供有意义、支持性经验的路径。

——玛丽·维尔德（Mary Wild）博士，

牛津布鲁克斯大学教育学院 专任讲师

　　本书的副标题"帮助幼儿成为终身学习者"太精彩了！在众多关于儿童发展的书籍中看到本书真是让人眼前一亮，因为它认为所有儿童都是有潜力的，它把儿童看作有能力的、自信的学习者。作者们深入浅出的表述方式让本书不仅适用于实践工作者，也适用于初学本专业的学生或者参加职后培训的人员。

作者们清晰地阐释了高效学习者的特征。他们一致认为，幼儿进入学前教育机构的时候对他们生活的这个世界以及周围的关系充满了探索的渴望。作者们也阐释了有经验的学前教育工作者是什么样子的，那就是能管理幼儿的精力，支持他们的兴趣，扩展他们的批判思维。

——玛吉·瓦利(Margy Whalley)博士，
潘·格林(Pan Green)儿童与家庭中心与潘·格林研究基地负责人

作者介绍

迪·奇尔弗斯(Di Chilvers)在学前教育领域有超过 35 年的工作经验,她是这个领域的咨询专家、作者和培训师。迪的工作范围涉及英国各地的学前教育机构、学校、地方政府等,工作的重点在于改善教育实践的质量。她参与过的长期项目包括,会话与阅读、观察儿童的思维、幼儿的语言、儿童的主导游戏与学习以及其他一些合作项目。她最近的出版物——《创造性与批判性思维:婴幼儿学习的实践指导手册》(*Creating and Thinking Critically:A Practical Guide to How Babies and Young Children Learn*,2013)介绍了儿童独特的、富有创造性思维的"故事"。

克莱尔·克劳瑟(Clare Crowther)是位于巴斯的诺兰德托儿所的负责人。克莱尔做过一家大规模儿童中心的负责人,合作创办过森林学校,是专业培训的七级培训师。她在专业领域发表了许多论著,最近正在为一个顶级的托育月刊写文章。

海伦·莫勒特(Helen Moylett)是独立学前教育作家与教育咨询专家。她曾经做过幼儿教师、地方政府的咨询专家,曾在曼彻斯特城市大学做过学前与初等教育专业的高级讲师。2000 年她离开学术界成为一家早期教育中心的负责人。2004 年她参与了英国国家早期教育框架制定,是《早期基础阶段法定框架》制定工作小组的核心成员。同时,她也参与了其他一些相关文件的制定。她最新的成果是 2013 年出版的《主动学习》(*Active Learning*)一书。海伦目前任英国学前教育协会主席,同时在牛津布鲁克斯大学做访问学者。

金·波特(Kim Porter)是兼职的学校督导,也是独立的学前教育咨询专家。她是国家政策制定工作小组的主要成员,负责其中的"宝贝说"(Every Child a Talker)项目。金在支持 0～11 岁儿童语言与读写能力发展方面有丰富的经验,并结合对教师进行直接指导、通过教师培训以提高教学质量等方式提升儿童语言发展效果。金是《英国读写素养信托:早期阅读工具包》(*Literacy*

Trust's Early Reading Toolkit）的作者之一，编制了丰富的阅读材料与相关资源，以帮助儿童理解历史。

苏·罗格斯（Sue Rogers）博士是伦敦教育学院学前与初等教育专业的主任。她的研究领域包括游戏、学前课程与教学、儿童视角与儿童观、儿童与成人的互动等。她在学前教育领域发表了许多作品，其中包括：《学前教育中的角色游戏：儿童视角的研究》（*Inside Role Play in Early Childhood Education：Researching Children's Perspectives*，2008，合著作者朱莉·伊万斯），《游戏与教学的再思考：概念、背景与文化》（*Rethinking Play and Pedagogy：Concepts, Contexts and Cultures*，2011），《成人在早期阶段中的角色》（*Adult Roles in the Early Years*，2012，合著作者珍妮特·罗斯）。

朱迪思·史蒂文斯（Judith Stevens）是独立作家、教育咨询专家和培训师。她在私立机构工作过，做过志愿者，也做过教师、数学小组的组织者以及教师成长小组的组长。她在地方政府做过相当长一段时间的咨询顾问，之后参与了国家早期教育框架制定，并负责"宝贝说"项目。最新发表的作品包括：《数学的基础：幼儿学习数字、形状与测量的一种主动方式》（*Foundations of Mathematics：An Active Approach to Number, Shape and Measures in the Early Years*，2013，合著作者卡罗尔·斯金纳）和《数学来了：〈早期基础阶段法定框架〉数学领域权威指南》（*Maths Now：The Definitive Guide to Maths in the Early Years Foundation Stage*，2009）。她对数学学习与教育的各个方面都感兴趣，尤其是通过户外活动、故事、韵律与角色游戏开展数学教育。

南希·斯图尔特（Nancy Stewart）是独立作家、教育咨询专家和培训师。她在幼儿与家庭工作方面有丰富的经验，是《早期基础阶段法定框架》的培训专家，也是幼儿教师资格的评估人员。南希参与了国家早期教育框架制定，并在期间开发了一些用于促进儿童语言与沟通以及游戏能力的活动材料。南希出版的专著多是关于教养与幼儿健康方面的。最新发表的作品有《儿童是如何学习的：有效早期学习的特点》（*How Children Learn：The Characteristics of Effective Early Learning*，2011）和《对修订版〈早期基础阶段法定框架〉的解读》（*Understanding the Revised EYFS*，2012，合著作者海伦·莫勒特）。南希是英国幼儿教师专业发展协会①的全国执行委员。

戴维·怀特布雷德（David Whitebread）博士是剑桥大学心理与教育学院的高级讲师。他是认知发展心理学与早期教育方面的专家。在进入大学工作之前，他曾在学前与初等教育学校任教 12 年。目前，他的研究项目包括元认知、自我控制与儿童学习、游戏经验对儿童叙事能力的影响等。他也对进化心理学、认知神经科学在早期教育中的应用以及入学准备等研究课题感兴趣。他发表的作品有《儿童早期的教与学》（*Teaching and Learning in the Early Years*，第三版，2008）、《发展心理学与学前教育》（*Developmental Psychology and Early Childhood Education*，2011）。

---

① 英文全称为 Association for Professional Development in Early Years（TACTYC），官网 http：//tac-tyc. org. uk。——译者注

目　录

第一章　儿童是如何学习的：概述与导论　　海伦·莫勒特/文

王兴华/译　1

第二章　自我控制在早期学习中的重要性　　戴维·怀特布雷德/文

王兴华/译　17

2.1　概　述　17

2.2　自我控制的本质与特点　18

2.3　自我控制在儿童早期的产生与发展　23

2.4　发展自我控制的重要性　27

2.5　通过早期教育实践支持儿童的自我控制　29

2.6　结　语　32

第三章　游戏与探索　　苏·罗格斯/文

许丹莹/译　37

3.1　前言：设置情境　37

3.2　《早期基础阶段法定框架》中的游戏与探索　38

3.3　社会文化取向下的游戏与探索　39

3.4　探索能力和表征能力　44

3.5　早期的游戏：依恋与调谐　45

3.6　发现的年纪：戈德施米德的寻宝游戏　46

3.7　在游戏中发展心理理论　48

3.8　重视儿童的游戏与探索　52

第四章　主动学习　　南希·斯图尔特/文
王兴华/译　57

4.1　概　述　57

4.2　动　机　59

4.3　动机的来源　59

4.4　目标定向——掌握还是表现　61

4.5　成长型与固定型思维方式　63

4.6　持续的投入与专注　64

4.7　不断尝试　68

4.8　享受目标达成后的成就感　71

4.9　看到旅途中不一样的风景　73

第五章　创造性与批判性思维　　迪·奇尔弗斯/文
杨佳伶/译　75

5.1　思维的语言　77

5.2　创造性与批判性思维是一个过程　78

5.3　想象的语言　79

5.4　想象游戏——从具体到符号思维　82

5.5　反思的语言——创造与批判　84

5.6　可能性思维的语言　86

5.7　支持社会建构性思维的对话语言　87

5.8　观察思维的语言　89

5.9　结　语　91

第六章　通过观察、评估与计划支持幼儿的学习　　朱迪思·史蒂文斯/文
王智莹/译　95

6.1　有效进行观察、评估和计划的基本原则　97

6.2　观　察　99

6.3　评　估　102

6.4　计　划　107

第七章　诺兰德托儿所学习共同体的发展探析　　克莱尔·克劳瑟/文
杨帆/译　115

7.1　诺兰德托儿所案例分析　116

7.2　管理者在发展学习共同体中所扮演的角色　117

7.3　共享领导力、管理权和决策权　118

7.4　培养员工队伍的创造力　119

7.5　营造开诚布公的对话氛围　119

7.6　贯彻理念，付诸实践　121

7.7　团队时间和员工的个人发展时间　123

7.8　为专业学习创造条件　123

7.9　员工凝聚力　124

7.10　让父母参与到孩子的学习中　125

7.11　园内专业学习共同体的作用　127

7.12　为启发和扩展儿童的学习创设支持的环境　129

第八章　提高小学阶段学习质量：从低年级开始　　金·波特/文
杨帆/译　135

8.1　关键阶段一的现状(2013 年)　137

8.2　入学准备还是生活准备　138

8.3　幼小衔接的重要性　139

8.4　理论和研究如何支持关键阶段一的实践　140

8.5　修订版英国教育标准局《督导框架》如何支持关键阶段一的实践　143

8.6　优秀实践案例研究　144

8.7　实用的解决方案：如何将学习特点融入一、二年级　148

8.8　结　论　150

中英文术语翻译对照表　155

第一章

儿童是如何学习的：
概述与导论

海伦·莫勒特/**文**

王兴华/**译**

　　本书作者相信每一个儿童天生就是有准备、有能力且有热情的学习者。我们的工作就是致力于帮助不同个性特点、不同家庭背景的儿童开发学习的潜能。只有对儿童的早期发展有深入的了解，我们才能通过高质量的早期教育来实现上述目标。本书在一定程度上呈现了早期的大脑发育与身体发展如何塑造我们的思维习惯，以及我们如何逐渐认识自己是怎样的学习者的内容。在这个发展过程中，成人起着至关重要的作用。如果我们把儿童置身于刺激丰富的早期环境中，他们中的大部分会自发地通过游戏与探索来学习，但这还不够。有经验的成人能提供主动的干预、指导与支持，让儿童在学习过程中获得最大限度的成长。当然，我并不是说成人要拔苗助长，而是说在儿童有情感及认知需求的时候能及时提供支持。也就是说，成人应该作为儿童的伙伴，去发现儿童在逐渐探索自己能做什么的过程中表现出来的"能力、毅力、兴奋"（skill, will, and thrill）。

　　"能力、毅力、兴奋"是有效早期学习的三个典型特点。

- 游戏与探索（playing and exploring）——儿童参与的能力
- 主动学习（active learning）——坚持做某事的毅力
- 创造性与批判性思维（creating and thinking critically）——发现的兴奋

读者也许会发现这些特点正是英国《早期基础阶段法定框架》（*Early Years Foundation Stage Statutory Framework*，以下简称《法定框架》）中提到的概念。2012 年修订的《法定框架》（DfE，2012，1.10）中提到：

在为儿童的活动做计划与指导的过程中，教师必须要反思儿童学习的不同方式并以此作为教学实践的依据。有效早期学习的三个特点是：

- 游戏与探索——儿童调查研究一些事物，获得相关经验，发起行动；
- 主动学习——保持专注，遇到困难时不断尝试，享受达成目标后的成就感；
- 创造性与批判性思维——儿童有自己的观点，能迁移已有经验，做事情有自己的策略和方式。

从以上对有效早期学习特点的简要总结中，我们可以捕捉到一个关键的信息，那就是幼儿教师不仅要关注儿童学什么，更要关注儿童怎么学。儿童完成早期基础阶段教育后的总结性评价——《早期基础阶段儿童发展档案》（*Early Years Foundation Stage Profile*），也要求教师对儿童学习的过程从以上三个特点给出简短的评语。

当然，关注儿童怎么学已经是老生常谈了，其他国家学前教育工作者同样在呼吁要关注儿童怎么学。《法定框架》本身也受到来自世界各地的研究和实践的影响，这其中包括瑞吉欧、新西兰和美国的研究与实践。尽管《法定框架》在某种程度上为学前教育实践提供了依据与支持，但与其他任何政府文件一样，《法定框架》也有其局限性。本书的作者从更广的学术背景与历史出发，同时借鉴《发展指南》（*Development Matters*）[①]更详细地阐释与解读了《法定框架》的内容。这种解读是非常必要且有价值的，因为政策制定者在编写政策文本时往往惜

---

① 全称为"*Development Matters in the Early Years Foundation Stage*"，与《法定框架》为同一系列的政府文件，非法定，用于支持实践工作者更好地落实《法定框架》的内容，达成《法定框架》要求的早期基础阶段发展目标。——译者注

字如金，很多有价值的信息无法在政策文本中得以体现。例如，"将过去经验迁移到游戏中"（playing with what they know）这一条在《法定框架》中就没有出现，而儿童在角色游戏中表现出的经验迁移（苏·罗格斯在第三章中有所表述）意味着思维的逻辑化与抽象化，这对于儿童成为高效的学习者来讲无疑是非常重要的。

在"独一无二的儿童"（a unique child）这一原则下，《发展指南》提出了儿童学习的三个特点：游戏与探索、主动学习、创造性与批判性思维（见表1.1）①。这三个特点并不是相互独立的。比如，在游戏与探索的过程中儿童可以表现出主动与动机，也可以表现创造性与批判性思维。

表1.1　独一无二的儿童：观察儿童如何学习

游戏与探索——参与
发现与探索 ■　表现出对物体、对事件以及对他人的兴趣 ■　运用多种感官去探索周围的世界 ■　参与开放式活动 ■　表现出特定的兴趣
将过去经验迁移到游戏中 ■　以物代物 ■　在游戏中表征过去的经验 ■　在游戏中承担特定的角色 ■　与他人一起重现过去的经验
愿意主动发起行动 ■　发起行动 ■　主动寻求挑战 ■　表现出"我能行"的态度 ■　冒险，尝试新的活动，试误学习

① 《发展指南》中的表比表1.1多两列，分别是"积极的关系"与"支持的环境"。"积极的关系"一列指出教师可以如何做，"支持的环境"一列指出教师可以提供什么。

续表

主动学习——动机
持续的投入与专注
■ 在活动中专注力能保持一段时间
■ 精力充沛，对一些事情着迷
■ 不容易分心
■ 关注细节
不断尝试
■ 遇到困难时能坚持
■ 愿意付出更多努力或换一种方法来解决困难
■ 能从困境中恢复
享受目标达成后的成就感
■ 达成自己的目标后表现出满足
■ 对自己完成某事（不只是对最终结果）表示自豪
■ 接受挑战是因为内在原因而不是外在的奖励或表扬

创造性与批判性思维——思维
有自己的想法
■ 愿意动脑思考
■ 寻找解决问题的方法
■ 尝试一些新的方法
建立联结
■ 在经验之间建立联结并能发现模式或规律
■ 做出预测
■ 验证自己的想法
■ 运用分类、排序或因果推理等
选择做事情的策略
■ 计划、决策自己如何完成一项任务、解决一个问题或达成一个目标
■ 监控活动的过程与进度
■ 根据需要调整策略
■ 反思活动的效果

英国学前教育一直有好的传统，教师为幼儿提供参与游戏和获得直接经验的机会，旨在发展幼儿的独立性、主动选择以及管理自己学习的能力。一些实践工作者在看到上述关于幼儿有效学习的特点之后可能会疑惑，难道我们作为成人不也是在用同样的学习策略吗？或者说我们可以把书名中的"早期"二字替换掉，换成"有效终身学习的特点"。在成长的过程中，我们的学习方式与特点确实在发展和变化，但本质上来讲学习的策略从婴儿到成年是保持不变的。

近年来脑科学与心理学的研究发现婴儿有着惊人的学习能力。在某些方面他们是脆弱的，需要被照料与保护，但他们也有很强的动机让自己变得有能力、与他人交往以及去理解周围的世界。他们表现出好奇心，自己能做一些决定并能坚持不懈地努力。也可以说，婴儿已经能使用大部分成人所使用的学习策略，如模仿、模式识别、做出预测或推断。儿童早期的经验和互动会支持或者阻碍这些能力的发展。

如果我们保护儿童的好奇心，鼓励并支持他们自己想办法解决问题并获得成就感，帮助他们做计划并监控活动的过程，他们就会成为自控的学习者，这比让儿童过早地学一些学科知识但却对学习失去兴趣重要得多。

(Moylett & Stewart, 2012, p. 10)

新版《法定框架》承认自我控制（self-regulation）在早期学习中的核心地位。自我控制包括情绪与行为的管理、学习态度与学习品质、个体对自己思维过程的认知。好奇与游戏是儿童的天性，他们需要时间和空间与周围的环境和人充分互动以满足天性的需求。《发展指南》中用一个简单的等式来表述这一过程（见图 1.1）。

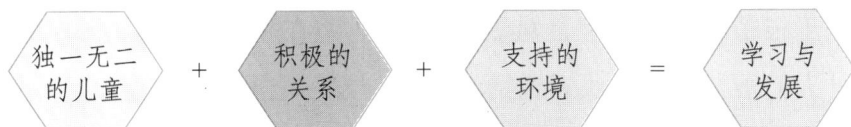

独一无二的儿童　＋　积极的关系　＋　支持的环境　＝　学习与发展

图 1.1　学习与发展的过程

资料来源：(Early Education, 2012)。

独一无二的儿童、积极的关系、支持的环境、学习与发展是早期基础阶段四个重要且相互关联的主题：

独一无二的儿童主动发起学习活动，探索周围的人和物，获得经验并尝试用自己的方式来解释这些经验。在温暖、关爱的**积极的关系**（positive relationship）中儿童获得安全的情感体验，这种安全感会让儿童更自信地与他人交往、向他人学习。**支持的环境**（enabling environments）既包括室内环境，也包括户外环境；既可以指教育机构的环境，也可以指家庭中的环境。环境对儿童要有一定的挑战，要满足儿童的兴趣和需要。这三个因素相互影响，共同决定儿童的**学习与发展**（learning and development）。

（Moylett & Stewart，2012，p. 6）

《发展指南》非常强调童年作为个体发展的一个阶段具有独特的价值，我们既要支持儿童的发展，给他们一些挑战，也不能急于追求儿童在情绪、认知与身体上向下一个发展阶段迈进，避免拔苗助长。

强调儿童的学习是主动的、游戏化的，看似与早期学习目标指出的个体在某个年龄段需要达到相应的发展水平背道而驰。其实很多儿童在进入学前班时并没有达到所有早期学习的目标，但他们依然是好的学习者。期望在将来的政策文本中可以更多强调儿童学习的过程，这样可以帮助幼儿教师在实践中优先关注儿童怎么学而不是学什么。

20世纪60年代，约翰·霍尔特（John Holt）在他的著作《儿童是如何失败的》（*How Children Fail*）中提到：在这个变化的世界中我们无法预知儿童未来会面对什么，因此教他们一些我们现在知道的知识是没有价值的。相反，我们应该关注儿童是怎么学习的，让他们爱上学习，这样他们才有能力去适应未来，有勇气去面对未知。到了21世纪，研究与实践不断证实着霍尔特的观点。

让儿童爱上学习，首先要让儿童感受到身边人对他们的爱。地球上每隔几秒就有一个新生命诞生。每个生命能延续多久，在生与死之间生命的质量如何取决于很多因素，其中最重要的就是他们在童年早期是否得到足够的照护与爱。人们很早就已经认识到情绪因素与学习之间有着紧密的联系，最近神经科学的发展进一步证实早期依恋关系对大脑发育至关重要（Gerhardt，2004）。童年早期温暖、积极的情感联系与不断运用多种感官探索世界这两种经验影响着大脑的结构与功能，而大脑的结构与功能决定个体能否信任并关心他人、能否管理自己的情绪以及能否有效地学习。重复的积极经验不断强化大脑内部的构造，以至这种影响可以持续一生。如果养育者（通常是妈妈，但不绝对）对婴儿的生理与情绪需求敏感并能积极回应，婴儿就会意识到自己可以依赖与信任养育者，与养育者建立起安全依恋（secure attachment）。婴儿也可以和一些熟悉的他人建立亲密关系。安全的关系对儿童之后的学习与发展非常重要，这也是为什么我们强调学前教育机构中关键人的重要性。

婴儿需要持续的爱、信任，才能逐渐理解自己与他人。婴儿期很重要的一项发展任务就是学习如何满足自己的需要。当他发出的信号能被正确理解，需要能得到真正的满足（而不是养育者想当然地根据自己的想法来"满足"他的需要），婴儿就会情绪平稳、感到安全并逐渐学习控制自己的行为。

这些早期经验决定着大脑的生理结构。出生时，婴儿大脑内脑细胞的数量就接近成人，但这些脑细胞之间的联结尚没有完全建立起来。早期经验决定脑细胞之间如何建立联结，经验的重复会强化联结。生命的最初三年是大脑发育最快的时期，也是最具有可塑性、为学习打下基础的时期。联结的数量变化跟早期环境与经验有关，环境变化会导致联结数量增加或减少 25% 甚至更多，不用的联结会逐渐被修剪掉。

早期的安全依恋不仅会让儿童成为有效的学习者，也会使他们在生活中更健康、快乐。很多政府报告都提到了这一点，并强调要增加早期阶段的投入（Field，2010；Marmot，2010；Allen，2011）。本书的副标题"帮助幼儿成为终身学习者"也是指早期投入的重要性。毋庸置疑，早期教育部门确实需要更多的财政投入，而本书关注的是成人在与儿童相处的过程中如何投入更多时间、知识与技能。如果我们想看到投入的效果，看到越来越多的儿童成为终身学习者，就要认真地反思我们是更看重长远的发展还是短期的效果。

高瞻课程（the High Scope）的研究结果让我们看到早期教育关注短期目标对个体长远发展造成的潜在危害。高瞻课程的核心就是有经验的幼儿教师为儿童提供适宜的支持以提升儿童计划、执行与反思的能力以及受内在兴趣与目标驱动去学习的习惯。高瞻课程最早源于一项严谨的追踪研究，追踪研究参与的儿童直至40 岁。研究中的一项内容是比较高瞻课程教学法与直接教学（direct instruction，即行为主义的、教师主导的教学方法）对儿童发展的持续影响。

研究表明，接受直接教学的儿童早期在英语与数学方面的表现更优，但随着年龄的增长这种优势逐渐消失直至逆转。高瞻课程学校毕业的儿童与传统早期教育学校毕业的儿童相比，接受直接教学的儿童到 15 岁的时候对阅读的兴趣大概仅是对照组的 1/2，表现出的行为问题是对照组的 2 倍，出现社会与情绪适应不良的比例要比对照组儿童高很多。到 23 岁时，直接教学组犯罪率比对照组高 4 倍，出现情绪障碍的比例几乎达到了对照组的 8 倍，接收高等教育的比例大概只有对照组的 1/2。

与没有接受过任何正规学前教育的儿童相比，高瞻课程组儿童到 40 岁的时候出现反社会行为与犯罪行为的更少，滥用药物者更少；婚姻更稳定、收入更高，在社会上从事志愿活动的比例更高。实际上，高瞻课程组儿童都出生在贫困家庭，学业失败的风险很高。这说明，社会处境不利不一定是伴随个体一生的标签，高质量的学前教育能起到重要的作用。

不管是美国的高瞻课程还是英国的有效学前教育项目（Effective Provision of Pre-School Education），关注的重点都是在机构中接受学前教育的 3～4 岁儿童。也有一些研究关注家庭教养方式与婴儿及学步儿的坚持性之间的关系。比如，一项研究比较了母亲不同教养方式下婴儿 6 个月、14 个月时的坚持性水平，结果发现母亲提供丰富刺激的环境、对婴儿的情绪敏感并给予回应、支持婴儿的行为使其稍高于现有水平可以提高儿童的坚持性以及后续高级认知能力的发展。他们建议实践者应该与处于危险中的儿童和家庭合作，尽早制定策略来培养儿童的毅力（主动学习，不断尝试）（Banerjee & Tamis-LeMonda，2007）。

另外一项研究比较了儿童早期坚持性、数学和阅读能力的长期效果（McClelland et al.，2012）。研究跟踪了 430 名儿童从学前到成人的发展轨迹，结果并不符合研究者的预期。他们发现早期的数学与阅读能力对个体是否能完成高等教育并没有预测作用；但 4 岁时专注与坚持能力更好的那些儿童 25 岁时几乎一半都获得了大学的毕业证。

所有这些研究以及本书的每一章其实都在传递这样一个信息，那就是早期教育实践确实能影响个体一生的发展。作为个体，我们并不能改变一个人的出身，但我们的教育行动却能改变贫困儿童日后的发展方向，也能让政策制定者更有信心投入早期教育，避免贫穷家庭的儿童长大后继续贫穷下去（Field，2010；Allen，2011）。行为主义者认为，所有的学习都取决于教师的外在强化（比如前面提到的直接教学法），但这样的学习并不能让儿童获得持续学习、关爱与赚钱的能力。反之，关注儿童是如何学习的、支持他们的情绪发展与学习策略则能帮助儿童成为更独立、主动的学习者，从而掌握自己的命运。如果我们关心儿童学了什么而不是怎么学，短期的效果会逐渐消失而代价是儿童在情绪与认知自我控制方面的发展潜力不足，难以成功把握自己的生活。高瞻课程之所以成功，也是因为它不是给儿童填鸭那些很快会被遗忘的知识，而是教给孩子学习的策略以至于他们更有可能完成高等教育。

本书的每一章都在强调关系与情绪对学习的重要性。正如《每一天都是学习的一天》(Every Day's a Learning Day)所讲："健康……意味着我们学习如何过健康、主动的生活，如何在自信、快乐、尊重的前提下建立友谊与亲密关系……也意味着遇到困难时管理自己的情绪、做出理智的决策、应对变化的能力。"(Education Scotland，2012，p.4)

图1.2阐释了一个自控的学习者是什么样的，除了学习过程外，社会性与情绪发展是必不可少的基础。处于情绪不安全的状态时，我们是没有办法思考的。情绪不安全时，我们也没有办法去迎接挑战、走出自己的舒适区。另外，学习也发生在人际关系与人际互动中，既包括学习者与成人的关系与互动，也包括学习者与同龄人的关系与互动。

社会性与情绪的健康发展	游戏与探索	参与	有准备的	能力
	主动学习	动机	有毅力的	毅力
	创造性与批判性思维	思维	有能力的	兴奋

图1.2　情绪与认知的自我控制

在新西兰学前教育阶段评价的焦点是儿童的学习倾向(Carr，2001)，具体指"有准备的、有毅力的和有能力的"(ready，willing，able)。这与我们所强调的有效学习的特点不谋而合。

游戏与探索(参与)：儿童主动探索获得直接及间接的经验，收集材料来满足学习需要，愿意冒险尝试新的活动——他们是有准备的学习者。

主动学习(动机)：儿童跟随自己的兴趣，精力充沛、专注，享受目标达成的喜悦，面对困难时能坚持——他们是有毅力的学习者。

创造性与批判性思维(思维)：儿童做事情有自己的想法，将已有经验迁移至新的情境中，做事情有目标、选择恰当的策略并监控进展——他们是有能力的学习者。

或者说，他们有游戏与探索的能力、有思考与执行的毅力并享受成功的兴奋，他们意识到自己是有能力的学习者。

本书一方面承认儿童是有能力的学习者，另一方面强调幼儿教师同样作为学习者应该学习如何与儿童形成积极的关系、如何为儿童提供支持的环境、怎样成为儿童生命中的启蒙者。蒂娜·布鲁斯（Tina Bruce，1999，p. 36）就曾赞扬和感谢她的启蒙者："她不是那种急功近利、超前教育、帮助你拿到好成绩、在比赛中取得好名次的老师。她是那种会让你爱上学习，成为终身学习者的老师。"

尽管书中有很多实践案例，但我认为这并不是一本实践手册之类的书，也不是那种每章都要遵循固定格式的教科书，作者们也并没有试图去讲清楚早期发展的所有方面。我们只是想和读者分享我们认为早期学习重要的方面，我们知道每个人的实践应扎根于自身的价值观、信念、知识、经验，以及当地的社会文化背景。因此，每个作者可能都是在表达自己的观点，而每个读者又可能会有自己的理解。作为本书的主编，我希望读者从书中既能得到支持与信心，也能认识到要让早期学习自身的价值及其对个体日后发展的奠基作用深入人心还任重而道远。

本书各章内容的安排有一定的逻辑顺序，我们从概述和自我控制能力开始，之后各章分别介绍早期有效学习的几个具体特点，然后是如何观察、评价与支持儿童的学习，最后讲早期学习与小学的衔接。各章在内容上会有些交叉，但又相对独立，读者阅读时打乱章节顺序也能顺利接收到作者们要表达的重要观点——早期学习的重要性以及成人应该如何支持与扩展儿童的学习。

在第二章中，戴维·怀特布雷德（David Whitebread）对已有自我控制相关的研究做了综述，然后对教师如何支持儿童的元认知能力、学习的积极情绪与动机做了梳理。他基于自己参与剑桥郡自主学习项目的经验探讨了在实践中如何支持儿童自主学习，包括儿童主动发起游戏活动，自己决定玩什么、在哪儿玩、和谁玩，自己设定目标，自己把握学习节奏和解决在学习过程中遇到的问题等。教师如何通过语言交流把儿童的学习过程可视化是个重要的策略。戴维提出了支持儿童自主学习的四个原则，其中，首要的就是情绪上的温暖与安全感。获得安全感的儿童能在学习过程中管理自己的情绪与认知。

在第三章中，苏·罗格斯(Sue Rogers)关注的是儿童0~6岁游戏与探索行为的发展变化，以及成人如何在这一发展的关键阶段支持儿童在室内及户外的探索行为。苏始终强调依恋关系在游戏中的重要性，包括最初的感知运动游戏、想象游戏与心理理论，以及后来更复杂的社会游戏。《法定框架》中明确指出："每个领域的学习与发展都应该通过有计划的、有目的的游戏活动来实现。"至于到底什么样的游戏才是有计划的、有目的的游戏，以及如何平衡教师主导与儿童主导的游戏活动，在学前教育领域一直有争论。苏对此的回应是：教师需要精心设计游戏活动以保证儿童获得各个领域的探索机会与经验，但如果教师更重视游戏结果而不是游戏本身，那它很可能不是游戏！苏认为儿童早期应该敢于探索不同的环境、材料及社会情境，这样他们才会成为自信的学习者。她还提出这对于小学阶段的学习非常重要，金·波特(Kim Porter)在第八章也讨论了这个话题。

南希·斯图尔特(Nancy Stewart)在第四章探讨了主动学习，或者说学习的动机维度。她提出儿童在达成目标的过程中表现的投入、精力与坚持非常重要。她引用了社会心理学中关于发展的表现目标与掌握目标，以及内在动机与外在动机的理论。第一个维度"持续地投入与专注"与弗雷(Ferre Laever)所提出的"心流"(flow)的概念类似，是指儿童投入自己感兴趣的事情，满足自己的好奇心，实现自己的目标。"不断尝试"与自我效能感及自主性有关。"享受目标达成后的成就感"这一维度则是指内部动机，即个体行为的驱动力是要掌握能力，而不是表现优异。南希还借鉴了卡罗尔·德威克(Carol Dweck)提出的"成长型思维方式"的概念，指出教师应表扬儿童在学习过程中表现出的努力和能力而不是表扬最后的结果。对应主动学习的每一个维度，作者给出了相对应的学前教育实践的建议。

第五章中，迪·奇尔弗斯(Di Chilvers)提出内在动机、游戏与探索都为儿童的创造性与批判性思维的培养提供了条件。她介绍了创造性与批判性思维在婴儿、学步儿以及幼儿各发展阶段的表现，也指出创造性与批判性思维是儿童成为有效学习者的重要方面。其中，想要理解儿童的思维过程，细致的观察非常重要。迪通过一些案例来解释思维的不同表现形式是如何反映在儿童的学习过程中的。举个例子，在学习过程中儿童可以形成自己的观点，可以发现和解决问题，可以在观念之间建立联结，可以操作观点并用语言来解释自己的思维过程，也可以提出问题并验证自己的观点。想象的价值也被重点讨论，迪认为这和安娜·克拉夫特（Anna Craft）所讲的日常创造力有直接关系。只有在游戏与主动学习的过程中儿童才有可能表现出创造性与批判性思维。迪同时强调了实践中教师要通过观察—评估—计划这样的过程来支持儿童的思维发展。

朱迪思·史蒂文斯（Judith Stevens）在第六章更深入地讨论了评估这一话题。她认为对儿童的评估应该从学什么转向怎么学，《早期基础阶段儿童发展档案》中档案评估的内容需要包括早期有效学习的几个特点。总之，基于评估为儿童提供灵活、适宜的支持是评估的关键。朱迪思批评那种过于强调学习目标的做法，她认为这样会让教师对发生在身边的真正的学习视而不见。她举了一个例子来说明教师忙于观察儿童在排队盥洗时如何把地上的数字从 1 数到 10，却忽略了这一过程中儿童表现出的更有价值的行为。朱迪思在这一章中举了很多生动的例子来讨论儿童的学习以及教师可以如何参与、支持儿童的学习。她还强调家长也应该参与到观察—评估—计划的过程中来。

克莱尔·克劳瑟（Clare Crowther）在第七章中同样关注了学习共同体的作用。如果说前面这几章都是关注成人在支持儿童学习中的作用，那么克莱尔则强调建立一个学习共同体。儿童、教师、家长可以在一种支持的氛围下共同学习，这样成人可以更好地理解有效学习的特点不仅适用于儿童，也适用于他们自己。克莱尔举了自己机构中的一些例子来分享建立这样一种学习共同体的乐趣与挑战。如何让儿童与成人在共同体中主动、富有创造力的游戏与学习需要一定的管理智慧。当然，不管哪个层面的管理最终都是为了学习与发展。跟儿童一样，成人也需要在积极的关系与支持的环境中成长。克莱尔分享了自己一些改善关系与学习环境的管理措施。这一章给读者呈现了在混龄小组中思维的碰撞，以及一个积极、温暖的环境对每个身处其中的人意味着什么。就像布鲁斯下面这段所描述的：

> 在小组中就像在一个真正的社区中，情感上你会有一种平和、稳定的感觉，但是思维上你又会受到震撼，获得跳跃式的发展。和他们在一起学习令人兴奋。你会觉得这种感觉以后再也不会有，当然之前也不曾有过！
>
> （Bruce，1999，p. 36）

蒂娜·布鲁斯(Tina Bruce)的老师们并没有被常规所束缚，他们常常会给儿童以启发，因为他们把自己看作和儿童一样处于共同体中的学习者。他们明白要想让儿童爱上学习，自己首先要爱学习；要让儿童学会思考，自己首先要善于思考。正如丽莲·凯茨(Lilian Katz)所述：如果教师想让学生习得探究的品质，如做调查、做假设、做实验、做猜想等，他必须让学生看到自己就是这样有科学精神、乐于探究的人(Katz，1995，p. 65)。这一话题在本书中也不断被提及，金·波特在最后一章又重申了这一观点。

教师经常会担心如果我们在学前阶段强调学习兴趣、自主学习等，那么儿童进入正规教育阶段后会难以适应。实际上，全球范围内教育的重心都从过去的传授知识转型到支持能力发展，就如盖·克莱斯顿(Guy Claxton)说的要"构建学习动力"。学习的能力是个人成功的关键，也是个体将来能够作为公民参与到社会事务中的重要保障。世界范围内的教育项目也都在关注全人的发展。然而，依然有太多的教育实践在忽视培养儿童作为 21 世纪公民的核心素养。就像艾米莉，一个 15 岁的初中女孩所担心的："我觉得自己已经可以算是聪明的学生了，因为我经常拿到高的分数。但是有时候我会很焦虑，觉得自己并没有学到真正想学的，我就像磁带一样记录下来我听到的东西。将来离开学校进入社会，没有人再这样向我传授信息了，我将不知所措。"(Claxton，2004，p. 1)克莱斯顿对此评价道："艾米莉已经做好了考试的准备，但显然她没有做好生活的准备。"(p. 1)艾米莉没有意识到自己的学习潜能，却已经习得性无助，就像卡罗尔·德威克(2006)所说的"固定型思维方式"。

在最后一章中金·波特强调要了解有效学习的特点并支持儿童的有效学习，才能让他们进入小学后获得更好的学习体验而不是像艾米莉一样只学会应对考试。金还讨论了从早期基础阶段到关键阶段一(key stage 1)①有效过渡的问题，包括关键阶段一还能否为儿童提供游戏与探索的机会？主动学习在小学课程中具体会如何体现？教师如何支持儿童的创造性与批判性思维？金认为小学也应该创造一种学习环境，让儿童能真正参与并支持儿童的主动学习。只有教师和学校管理者真正持有一种终身学习的态度并落实在教学实践中，儿童才有可能表现出更好的学习过程与学习结果。金认为英国教育标准局(Ofsted)最

---

① 英国的关键阶段一是义务教育的初始阶段，相当于国内的小学一、二年级。——译者注

新出台的《督导框架》（*Inspection Framework*）有利于关键阶段一教育实践的改善。

金提醒我们，尽管像盖·克莱斯顿和肯·罗宾逊（Ken Robinson）等人的观点越来越受认可，中小学中的学生习得性无助与教师主导的现象仍然很常见。令人振奋的是，金在第八章最后为我们提供了两个反映一年级有效学习的实践案例。其中第二个案例介绍了杰克和比利两名学生的故事："他们在这一连串文字说出口之后深吸了一口气，看起来对自己的表述感到满意，他们几乎闪闪发光。老师们惊呆了。"

教师感动是因为他们平时并没有关注到杰克和比利这两名学生。毕竟在班级忙碌的教学中教师很容易忽略一些学生，就像朱迪思·史蒂文斯在第六章提到的，教师很容易关注于自己设定的学习目标而忽略学生真正的学习。

南希·克莱恩（Nancy Kline）认为教师的关注与学生的思维相关。"关注的质量决定学生思维的质量……关注是指教师能带着尊重与兴趣来倾听学生，是给学生思维空间的关键。"（Kline，1999，pp. 36-37）关注并不是说教师要强迫学生对某些事情感兴趣，而是指要鼓励学生遵从自己的兴趣、主导自己的学习。杰克和比利很幸运，因为他们上的是森林学校。杰克现在很自信，遇到困难时愿意尝试不同的解决方法，对课堂学习也不会感到太沮丧。他知道教师对他的看法发生了改变，认为他是富有创造力的、有能力的。

如果我们想帮助幼儿成为终身学习者，我们就需要与幼儿一起学习。这里我所指的是所有幼儿，并不单指那些已经表现出积极学习倾向、有学习能力的幼儿。我们在这个阶段付出时间、关爱和关注会得到回报，这种回报不仅是儿童的成长也包括我们自己的成长，正如薇薇安·佩雷（Vivian Gussin Paley，2004，p. 8）所说："在创造一个又一个主题、人物和情节的过程中，儿童向我们展示他们的思维发展，也让我们思考作为教师我们到底能起到哪些作用。"

参考文献

[1] Allen, G. (2011) *Early Intervention*: *The Next Steps*, An Independent Report to Her Majesty's Government. London: Cabinet Office.

［2］Banerjee, P. N. and Tamis-LeMonda, C. S. (2007) Infants' persistence and mothers' teaching as predictors of toddlers' cognitive development, *Infant Behavior & Development*, 30：479- 491.

［3］Bruce, T. (1999) In praise of inspired and inspiring teachers, in L. Abbott and H. Moylett (eds), *Early Education Transformed*. London：Falmer.

［4］Carr, M. (2001) *Assessment in Early Childhood Settings Learning Stories*. London：Paul Chapman.

［5］Claxton, G. (2004) *Learning to Learn：A Key Goal in a 21st Century Curriculum*, A discussion paper for the Qualifications and Curriculum Authority. London：QCA.

［6］DfE (Department for Education) (2012) *Statutory Framework for the Early Years Foundation Stage：Setting the Standards for Learning, Development and Care for Children from Birth to Five*. http：//www. foundationyears. org. uk/early-years-foundation-stage-2012/ or http：//www. education. gov. uk/aboutdfe/statutory/g00213120/ eyfsstatutory-framework (accessed 1 January 2013).

［7］Dweck, C. (2006) *Mindset：The New Psychology of Success*. New York：Ballantine Books.

［8］Early Education. (2012) *Development Matters in the Early Years Foundation Stage*. London：Early Education. www. early-education. org. uk and for download at http：//www. foundationyears. org. uk/early-years-foundation-stage-2012/ (accessed 20 December 2012).

［9］Education Scotland. (2012) *Everyday's a Learning Day：Birth to 3 Years*. Glasgow：Education Scotland.

［10］Field, F. (2010) *The Foundation Years：Preventing Poor Children Becoming Poor Adults*, The report of the Independent Review on Poverty and Life Chances. London：Cabinet Office.

［11］Gerhardt, S. (2004) *Why Love Matters：How Affection Shapes a Baby's Brain*. London：Routledge.

［12］Gussin Paley, V. (2004) *A Child's Work*. Chicago：University of Chicago Press.

［13］Holt, J. (1964) *How Children Fail*. London：Penguin.

［14］Katz, L. (1995) *Talks with Teachers of Young Children*. New Jersey: Ablex Publishing Company.

［15］Kline, N. (1999) *Time to Think：Listening to Ignite the Human Mind*. London：Ward Lock.

［16］Marmot, M. (2010) *Fair Society, Healthy Lives：Equity from the Start*. London：UCL, Institute of Health Equity.

［17］McClelland, M., Acock, C., Piccinin, A., Rhea, S. A. and Stallings, M. (2012) Relations between preschool attention span-persistence and age 25 educational outcomes, *Early Childhood Research Quarterly*, 28：314-324.

［18］Moylett, H. and Stewart, N. (2012) *Understanding the Revised Early Years Foundation Stage*. London：Early Education.

第二章

自我控制在早期学习中的重要性

戴维·怀特布雷德/**文**

王兴华/**译**

2.1 概 述

　　发展心理学领域目前已经达成共识，那就是"元认知能力"（metacognitive skills，对自己认知过程的认知与控制）与情绪和动机因素对于学生的成功来讲是最关键的。"自我控制"就是对元认知能力与情绪、动机因素的总称。过去人们曾以为自我控制能力发展很晚，直到小学末期才会出现，但最近的研究发现儿童早期自我控制能力已经产生并开始发展。如果我们观察几个月的婴儿就会发现，他们的行为背后有我们所讲的自我控制能力。本章中我想要表达的一个观点就是自我控制从个体出生开始就是学习的核心要素。

　　对于早期教育工作者来说，另外一个好消息就是儿童的早期经验会影响自我控制能力的发展。也就是说，幼儿教师对儿童发展自身潜能、将来获得好的发展结果起着至关重要的作用。

　　本章我会给大家分享一些自我控制领域的重要研究，也包括我自己的一些研究。我将会介绍自我控制包含的成分及其在儿童早期阶段的产生、发展，也会介绍早期教育可以如何培养儿童的自我控制能力。本章会通过四个部分分别介绍以下内容：

- 自我控制的本质与特点；
- 儿童早期阶段自我控制各个成分的产生，包括认知、情绪、社会与动机成分；
- 自我控制对儿童学业成功与情绪健康的重要性；
- 影响自我控制发展的环境及人际因素及其对早期教育实践的启示。

2.2 自我控制的本质与特点

关于自我控制的本质有三种主要的理论观点：一是认知心理学的观点，主要受瑞士心理学皮亚杰（Jean Piaget）理论的影响；二是社会文化理论的观点，主要从苏联学者维果斯基（Lev Vygotsky）的理论发展而来；三是受美国心理学家班杜拉（Albert Bandura）影响的动机的社会认知理论。

或许我们可以一起做个小任务，来帮助你更好地了解自我控制的本质以及上述三种理论观点是如何从不同角度解释自我控制的。在心里算一下下面三个算式（不要借助纸笔来帮助你做运算），然后写下你心算的过程：

A. 58 – 23

B. 72 – 37

C. 104 – 97

首先，你可能会确认一下自己会做这几个减法运算。或者说，你的长时记忆中储存了一些关于减法运算的知识。这些知识幼儿可能不具备，是需要随着年龄增长慢慢学习的。

其次，你可能有不止一种方法，也可能用了不同的方法来完成这几个运算。比如，很多人做算式 A 时会先用个位上的 8 减去 3，然后用十位上的 5 减去 2。但是对于算式 B 很多人可能会改变策略，因为个位的 2 比 7 小，他们可能会用 40 减 37，然后用 70 减 40，72 减 70，最后把这三个数相加得到答案。而对于算式 C，因为两个数比较接近，很多人可能只是简单地从 97 数到 104，或者在数轴上看两个数字距离 100 有几个单位，然后用 3（97 到 100 有 3 个单位）加上 4（104 到 100 有 4 个单位）。当然，你可能用的是完全不同的方法，也都能得到正确答案。总之，作为成年人，你可能掌握了关于算数的多种策略与方法，然后你会根据当前的任务来选择恰当的方法。也就是说，你对自己的认知过程有一定的控制。

最后，你不仅能在心里做这些算式，同时你还在监控着算的过程而且之后能讲出来你是怎么算的。当然，监控的作用不仅是让你能把思维加工的过程报告出来，而且还能帮助你监督自己的进度、发现错误，也会让你了解任务的难易程度等。另外，监控所获得的信息反过来还能帮助你更好地实现对自己认知过程的控制，比如改正错误、重新开始、改变策略、更专注等。

尼尔森（Nelson）和纳伦斯（Narens）1990 年提出了一个模型来表征元认知水平、控制与监控之间的关系。在这个模型中，大脑的认知过程被表征为同时发生在认知任务水平与元认知水平之间的闭合回路，在上面的例子中元认知水平指对相关策略的存储与提取，任务水平则是指求解算式的过程。监控发生在从认知任务水平到元认知水平的过程中，包括个体对任务进度的监控、对完成质量的监控等；控制则发生在从元认知水平到认知任务水平的过程中，包括一些指令性的信息，如是否按原计划执行，或是否在检测到错误时及时改变策略（见图 2.1）。

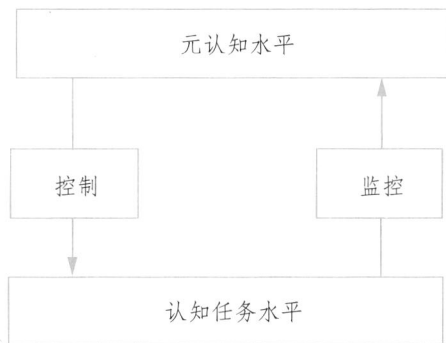

图 2.1　尼尔森和纳伦斯的元认知模型

依据自我控制的三种理论观点，一个自控的学习者具备元认知水平、控制与监控的能力。这种能力不仅能帮助你解决算术题，还能帮助你解决不同情境下的其他问题，如需要创造力的问题、需要与他人协商的问题、需要控制自己的情绪与动机的问题等。元认知研究关心的是解决问题的思维过程；维果斯基的社会文化研究探讨的是支持儿童元认知能力发展的社会化与教育过程；动机研究则关注学习的努力与投入维度。

自我控制的认知心理学观点所关注的"元认知"这一概念最早是由弗拉维尔(Flavell)在做儿童记忆发展与记忆策略的研究中发现并提出的(Flavell，1979)。他的研究内容是5～10岁儿童的记忆，在研究过程中，他首先给儿童呈现一些物体，然后按一定的顺序选择其中的一些物体。20秒左右的延迟后，他让儿童按正确的顺序回忆选择过的物体。结果同预期的一样，年长的儿童在20秒的延迟时间内使用了更多的记忆策略(如口头复述这些物体的名称)，记忆效果也比年幼的儿童好。

其实在当时，人们已经认识到随着年龄的增长，儿童会在不同领域的学习过程中逐渐掌握并运用一些认知策略。但弗拉维尔认为事情不是这么简单。他认为5岁的幼儿已经掌握了口头复述的策略，只不过他们没有意识到在当下的任务中使用口头复述的策略会有帮助。因此，他教授这些5岁幼儿使用口头复述策略，发现他们的记忆效果完全可以达到10岁儿童的水平。但是几天之后，当要求这些儿童完成类似的任务时，弗拉维尔发现许多5岁的幼儿依然没有使用口头复述策略，记忆效果也没有提高。弗拉维尔把这种现象命名为"提取"失败，也就是说儿童实际上具备口头复述的能力，只是在具体的任务中没能成功提取并使用这一有效策略。

幼儿教师可能对这一现象并不陌生。他们经常能观察到幼儿在一项任务中使用了某一策略，但无法将这种经验迁移到另一项非常类似但稍有不同的任务中去。在这一经典的研究中，弗拉维尔发现儿童在某些任务中的失败并不是因为他们缺少认知策略，而是因为他们的元认知能力尚有欠缺。借用图2.1的模型，儿童的问题出现在控制与监控过程及元认知水平方面，而不是出现在认知任务水平方面。

这些早期的研究以及后续的一些研究奠定了元认知在认知心理学中的地位，一时间研究者开始在儿童、青少年、大学生、成年人各个发展阶段开展元认知研究。近些年，也有一些研究开始关注婴幼儿的元认知能力，我们在2.3节还会介绍相关的研究结果。

元认知研究探讨的是个体内在的思维过程，与此同时，一些研究者受维果斯基(1978，1986)的影响关注儿童学习的社会过程。维果斯基最核心的观点是儿童任何领域的发展都同时存在两种水平，一个是儿童不需要帮助就能达到的现有发展水平，另一个是需要有经验的他人帮助才能达到的潜在发展水平。思维、能力等从现有水平到潜在水平之间的差距就是维果斯基提出的"最近发展区"（zone of proximal development，见图 2.2）。

设想一个幼儿在玩拼图，拼图对于他来说稍稍有些难度。如果没有他人帮助可能拼不出来，然后很快放弃。这个时候成人可以通过做示范（如先把边缘的几块拼好，然后对照图例来找其他匹配的拼图块），提出建议与引导（例如，你能先找到几个角块吗？我们是不是可以先找到蓝色的块把蓝天这里拼好），提一些与策略、元认知相关的问题（如果我们把这些块分类会不会有帮助？我们应该从哪开始？是不是有些部分比较容易，有些部分比较难）等方式来帮助儿童。

潜在发展水平

最近发展区
（需要成人或更有能力的同伴的帮助）

现有发展水平

图 2.2　维果斯基的"最近发展区"

研究发现这种支持性的互动，也称为"支架"（scaffolding），对儿童的学习有积极的作用。支架发挥作用至关重要的一个因素在于成人要逐渐退出，把控制权交给儿童，这样儿童才能逐渐发展并且有意识、有能力独立完成任务。在支架的过程中掌握好"度"很重要，就是说成人既要提供适量的帮助，又要逐渐退出，支持幼儿的自主学习（Wood et al.，1976）。有效的支架能让儿童的学习过程从"外在控制"（other-regulated）转向"自我控制"。社会文化的研究探讨了支架的方式、语言等在儿童自我控制发展过程中的作用。在本章的最后一节我们还会继续讨论这一话题。

自我控制的最后一个成分，也是最近才引起研究者重视的动机成分。研究发现只掌握元认知技能无法保证个体在学习过程中的自我控制，还需要个体的投入与努力。关于自我控制动机成分的研究受班杜拉（Bandura，1997）自我效能感理论（self-efficacy theory）的启发。自我效能感是个体的基本需要，是我们完成新任务、达到新目标时的积极情感体验，也是我们对自己有能力应对新挑战的信念。动机的研究还受到德威克和马斯特的归因理论（attribution theory）的启发（Dweck & Master，2008）。归因理论讲的是我们如何归因自己的成败。举例来说，有些人会把失败归因于自己缺少能力或者运气不好，这样的归因会带来一些消极的影响，比如将来遇到类似任务时倾向于回避，遇到困难轻易放弃等。而另外一些人会把自己的表现归因于努力。对他们来说，失败就意味着下次要付出更多的努力，更专注、坚持。目前已经有大量的研究证实了自我效能感、归因信念与儿童自我控制发展之间的关系。

早期动机的研究相对独立，但现在大家都倾向于把动机作为自我控制的一个重要成分，尤其是与儿童的情绪控制能力相关的一个成分。研究发现，建立了安全依恋的儿童对新事物表现出更多的好奇，能应对变化，另外也乐于冒险、不怕犯错。卡尔金斯和莱尔克斯（Calkins & Leerkes，2011）对依恋与情绪控制之间关系的研究做了系统的综述。艾森伯格等人（Eisenberg et al.，2011）则对努力控制（儿童早期自我控制的一个成分，我们在2.3节会做进一步阐述）、情绪控制与情绪健康之间的关系做了综述。佩克伦等人（Pekrun et al.，2002）对5项质性研究做了综述，发现积极的情绪与个体的努力、兴趣、使用精细加工策略以及自我控制有正相关，与学习过程中思维的"开小差"有负相关。消极情绪则刚好相反，与兴趣、努力、精细加工策略负相关，与思维的"开小差"、外在控制正相关。

关于自我控制不同理论视角的研究正在趋于整合，最近由德西和赖安（Deci & Ryan，2008）提出，引起广泛关注的"自我决定理论"（self-determination theory）就是一个例子。自我决定理论提出人有三种基本的需求：对自主的需求、对能力的需求和对关系的需求。前两种需求明显和自我效能感、控制感有关，对关系的需求（感受到重要他人的爱、被重要他人认为是有价值的）则与依恋和情绪有关。在这一理论框架下，近期的很多研究都关注儿童的自主性。里夫等人（Reeve et al.，2008）对最新的文献做了综述，发现自主性与自我控制之间有很强的相关。这回应了伍德等人（Wood et al.，1976）早期的观点，也与最近在实践领域关注如何通过师幼互动支持幼儿自主性的研究不谋而合。这些研究对于教师在实践中支持幼儿的自我控制发展有很好的启发性与指导意义。总之，目前比较公认的关于自我控制的观点是由领域内较为知名的两位专家提出并整合的观点，即"自我控制是个体主动维持自己的认知、行为与情感以达成目标的过程"（Schunk & Zimmerman，1994）。

下面我们就来谈谈到底什么是自我控制，或者说什么不是自我控制。在一些文献与教育评论类的文章中，人们经常混淆自我控制与服从（compliance）。然而，在申克（Schunk）和齐默曼（Zimmerman）的定义中很重要的一点是：个体组织认知的目的是达成自己的目标。不可否认，一些儿童会把教师设定的目标作为自己的目标，但另外一些不会，至于原因已超出了本章要讨论的范围。自我控制并不是顺从或传统意义上的听话、好学生等。一些儿童可能表现得不顺从，但是有很强的自我控制能力；也有一些儿童很顺从，但是依赖成人，不能自我控制。如果混淆这两个概念可能会对这两类学生做出错误的判断。

2.3　自我控制在儿童早期的产生与发展

如果我们观察幼儿在年龄适宜、有意义的活动中的表现，就能很早识别出自我控制或者说元认知能力的一些要素。在即将迈入 21 世纪时，布朗森（Bronson，2000）对 2000 年之前的关于儿童（从出生到小学毕业）自我控制的研究做了综述，内容涵盖认知、情绪、动机和社会维度自我控制的发展。我和一位同事（Whitebread & Basilio，2012）对 2000 年以后该领域的研究进展做了梳理。表 2.1 简述了布朗森的综述中关于早期自我控制认知成分发展的一些要点。

表 2.1　自我控制认知成分的早期发展

0 ~ 12 个月	集中注意力在特定的人、事物或自己的动作上（够、抓、摆弄物体） 注意到环境中熟悉与新异的刺激 出现序列的意识 做事情或与人交流时有相对固定的步骤 注意到动作的结果
12 ~ 36 个月	喜欢可预测的常规，拒绝改变 在有限的选项中做出选择 目标导向行为 在达成目标过程中注意到错误并改变 使用越来越多的策略来实现目标 出现认知的结构，如匹配、排序、分类等
3 ~ 6 岁	认知活动越来越丰富 能完成多个步骤的活动 更能集中注意力和抗干扰 学习用更高级的问题解决策略 能选择与自己能力相契合的任务

资料来源：改编自布朗森（Bronson，2000）。

在之后的十几年，自我控制认知成分的研究又有了新发展，目前关注的焦点是认知控制，或者说是"执行功能"（executive functioning），指大脑处理信息与学习的基本方式。在最近的一篇比较有影响的综述中，盖伦等人（Garon et al.，2008）提出执行功能包含三个方面，分别是工作记忆（在头脑中储存并处理与当下任务相关的信息）、抑制或努力控制（指抑制优势的、感知层面的反应而做出目标导向的反应）和认知或注意灵活性（控制注意力的能力，关注任务的核心要素，需要的时候灵活调整自己的注意力）。这三种能力在儿童出生后的第一年内就可以观察到，能力的表现受当时的环境因素（如新奇性）的影响极大。从第二年开始，执行功能开始有较快的发展，表现为儿童对信息的记忆与加工能力更强，更能控制自己的注意力与行为，对环境的依赖更少。

霍夫曼等人（Hofmann et al.，2012）发表了一系列文章说明早期执行功能如何为自我控制认知成分的发展奠定基础。一些研究也提供了早期自我控制发展的例子，比如，10 个月时儿童能把在一种情境下习得的经验迁移至另外一种情境（类比学习）；14 个月时儿童能意识到自身能力的限制，必要的时候请求他人的帮助；18 个月时儿童在建构游戏中发现问题并做出调整。

有一篇文章报告了苏联心理学家伊斯托米亚（Istomia，1975）在 20 世纪 70 年代所做的关于 3 ~ 6 岁儿童记忆能力的研究，其中很多观察记录可以很好地说明自我控制的认知成分在儿童早期的表现。她给儿童的任务是记住准备午餐聚会（假装的午餐聚会，设置在班级的一个角落）需要的五种食材，然后去商店（假装的商店，在班级的另外一个角落）买回来。下面是伊斯托米亚对一个 5 岁的小女孩阿洛沙（Alochka）的观察记录：

> 阿洛沙（5 岁 2 个月）正忙着准备午餐，提醒了实验者几次她需要盐。
>
> 当轮到她去商店时，她一脸焦急地问实验者："我该买什么，盐吗？"
>
> 实验者提醒她盐只是其中一种，并告诉她另外四种食材是什么。阿洛沙听得很认真，一直在点头。然后她带上购物篮、许可证和钱就出去了，但是很快又回来了。
>
> 她问道："我要买盐、牛奶，还有什么来着？我忘记了。"
>
> 实验者重复了需要购买的 5 种食材。这次阿洛沙每听到一种食材的名称，就小声地重复一次，然后很有信心地说"这次我记住了"，说完又出去了。
>
> 在商店里，她找到售货员，一脸认真地说自己要买什么，她说出了四种食材，每说一种都停顿一下。

"还应该有一样，但是我忘记了。"她说。

（Istomia，1975，pp. 25-26）

在阿洛沙的例子中我们可以清楚地看到儿童早期的元认知与认知自我控制的表现。在整个过程中她都知道自己记住了什么，也知道有一些自己没有记住。最开始她使用的是非常简单的策略，那就是每听到一种食材的名称就"点头"，但很快意识到这并没有任何效果。第二次她调整了策略，实验者每说一种食材的名称她就小声重复一遍，这次效果明显好多了。阿洛沙只有 5 岁，但是可以看到她的一些基本的自我控制能力已经在发展，这将有助于她将来的自主学习。

我和同事在 2012 年的综述中也介绍了自我控制的情绪、社会与动机维度的研究进展，同样是基于布朗森 2000 年的综述。表 2.2 简述了布朗森的综述中关于早期自我控制社会情绪维度发展的一些要点。

表 2.2　自我控制社会情绪维度的早期发展

0 ~ 12 个月	调整觉醒和睡眠的周期 与他人回应性的互动 尝试影响他人 熟悉并遵守简单的常规 回应他人的情绪表达
12 ~ 36 个月	逐渐出现主动的控制 遵守外在要求，知道在特定情境下哪些行为是被期望的 自我主张，要求独立完成一些事情 识别他人的情绪情感（同理心） 出现一些自发的帮助、分享、安慰他人的行为 社会规则与约束意识 逐渐控制自己不去做违反规定的事，有外部要求时能延迟自己的行为
3 ~ 6 岁	越来越能控制情绪、遵守规则，不让做的事不去做 逐渐运用语言来控制自己的行为并影响他人 越来越重视同伴的接纳，所以会在交往过程中控制自己的行为 学习更有效的交往技巧 参与有角色、有规则的角色游戏 开始谈论自己与他人的心理状态 更好地理解他人的感受 主动帮助、安慰他人，主动分享 内化行为规则 发展出稳定的亲社会（或反社会）态度与行为

资料来源：改编自布朗森（Bronson，2000）和科普（Kopp，1982）。

过去十几年这一方面的研究主要涵盖两个主题。第一个就是"心理理论"（theory of mind），指儿童能理解其他人有不同于自己的想法与观点。研究发现儿童心理理论的发展要比过去以为的早很多。心理理论对儿童的情绪健康、人际交往、人际敏感、同理心、友谊、与成人的积极关系等方面的发展都有重要作用。皮亚杰的理论认为儿童都是"自我中心"（egocentric）的（不能采纳别人的观点），早期一些依赖语言的实验室研究也发现 5 岁之前的儿童还不能完成心理理论任务。然而，最近的一些研究采取一些不依赖语言的任务，发现 15 个月左右的幼儿就能运用一定的思想、信念去理解他人的行为。在模仿任务中也发现，15 个月左右的幼儿能准确模仿机器人的动作，但是当模仿的榜样是真实的人类时，他们更多模仿的是榜样想要做的事（如想要把玩具放在桌子的边缘）而不是实际表现的行为（如很明显是不小心把玩具掉在了地上）（Meltzoff，2011）。

第二个研究的主题是儿童的抑制或努力控制能力。这类研究常采用的研究任务有"做与不做"（Do's and Don'ts）、"反应或不反应"（Go/No Go）（儿童根据一定的规则做或者不做某反应）以及延迟满足任务（delay of gratification tasks），比如经典的棉花糖实验（marshmallow task），儿童要克制住不去碰好玩的玩具或好吃的糖果。研究发现，出生后的头几年努力控制就已经有较快的发展，同时个体间差异也很明显。另外有一些研究发现早期依恋关系与情绪控制能力之间有较强相关。我们在本章 2.6 节还会提到影响儿童早期自我控制能力发展的环境与社会因素。

学校对儿童自我控制能力的要求要更高一些。2.4 节我们会提到有很多证据表明自我控制能力发展较好的儿童能更好地适应幼儿园、小学的过渡阶段。同时，高质量的学前教育又能促进所有幼儿自我控制能力的发展。这是我们最后一节要讨论的话题。

我在剑桥郡自主学习项目（Cambridgeshire Independent Learning Project）中也关注了 3～5 岁儿童的自我控制能力（Whitebread et al.，2005，2007 & 2009）。有 32 所早期教育学校的教师和幼儿（不到 1500 人）参与了该项目，在研究过程中我们用录像记录了大约 700 个自我控制的"事件"（event）。作为项目的成果之一，我们编制了《3～5 岁幼儿自我控制的行为观察评价表》（*Checklist of Independent Learning Development*，*3～5*），评价表共有 22 个项目，包含自我控制的认知、情绪、社会与动机等不同维度（详见 Whitebread，2009）。我们最初从相关文献与行为记录中获取了大量的题目，从中筛选了22 个对 3～5 岁儿童的自我控制发展水平而言比较有区分度的题目。目前该评价表已经被翻译为多种语言，英国及其他国家都有研究人员与教师在用。作为评价工具，该评价表是有效的、适合教师使用的，评价的结果一方面可用于教师与家长沟通儿童的发展，另一方面也可以作为教师在实践中支持儿童自我控制发展的参考。

2.4　发展自我控制的重要性

我们之所以在前面用大量的篇幅介绍自我控制的本质、在儿童早期的产生与发展，就是因为想让早期教育领域的教师更好地了解这一重要的概念。自我控制的相关研究有两个发现引起了广泛的关注。一是对于儿童的学业成绩和其他一些积极的发展结果而言，早期的元认知与自我控制能力是仅有的有效预测因素；二是早期的环境与社会因素会对儿童自我控制的发展产生重要的影响。两个发现可以说都强调幼儿教师的作用。这一节我们先讨论第一个研究结果——关于自我控制的重要性，2.5 节我们再讨论实践工作者能做些什么。

有三个方面的证据促使国际范围内的研究人员与政策制定者认识到自我控制的重要性。一是来自学前教育质量与儿童发展结果的纵向研究提供的证据（见第一章）。例如，高瞻课程的研究，1 美元投入能带来 7 美元收益的测算等。不出意料，这引起了各国政府与教育政策制定者的关注，同时也引发了相关的研究者来鉴别究竟高质量学前教育中的哪些因素对儿童发展结果起作用。例如，英国最近开展的有效学前教育项目（Sylva et al.，2004）就试图要回答这一问题，也补充了已有研究的发现。

研究发现，高质量的学前教育中起关键作用的就是那些能促进儿童自我控制能力发展的因素，如给儿童认知挑战、情感支持、让儿童自己管理自己的学习等。比如，高瞻课程最核心的就是"计划、执行与回顾"（plan，do and review）的流程。每个儿童都在小组中、在教师的支持下做好自己的一个环节或一整天的计划，然后去执行自己的计划，最后也是在小组中、在教师的支持下回顾与反思自己的学习过程。

我们在高效的师幼互动与同伴互动中也能发现类似的模式，那就是儿童有更多的机会来讨论、反思自己的学习。席尔瓦等人（Sylva et al.，2004）发现高质量的学前教育实践中经常会在儿童与成人之间出现这样的场景，她称为"支持性的共享思维"（sustained shared thinking），指成人支持儿童自己的想法并帮助儿童扩展自己的想法。我们发现，给儿童机会让他们来谈论自己的学习对于帮助他们成为自主学习者来说非常关键。这并不仅涉及认知维度，对情绪与动机维度同样重要。席尔瓦和威尔特（Sylva & Wiltshire，1993）发现所有高质量的学前教育实践都致力于发展儿童在学习与其他发展领域的过程性目标（见第四章）。在这样高质量的学前教育机构中的儿童会有较好的自我效能感，他们相信通过努力可以解决问题、理解新的概念、获得新的能力等。他们对环境有一种掌控感，对自己的能力也有自信。

第二方面的证据来自对元认知、自我控制能力与其他认知和情感发展的关系的研究。研究结果发现，自我控制与认知领域（如数学、阅读、思维技能、问题解决）、情感领域（如人际关系、宽容、合作、冲动、成瘾与进食障碍）等方面都密切相关。一些研究着重考察了自我控制中个体差异带来的短期的、即时的效果，尤其是在儿童进入小学低年级过渡阶段时自我控制的作用。例如，在认知和自我控制方面，布莱尔和拉扎（Blair & Razza，2007）发现在排除其他影响因素（如一般智力水平）后，低收入家庭3~5岁幼儿的抑制控制能力能显著预测一年后他们的阅读和数学能力。在情绪自我控制方面，德纳姆和伯顿（Denham & Burton，2003）发现，学前阶段的情绪控制能力显著预测了儿童的同伴地位、友谊、学业能力、自我概念和情绪健康。

最后一方面的证据来自对一些教育实践效果的元分析。哈蒂（Hattie，2009）对世界范围内的800项教育实践研究做了元分析，结果发现教授儿童元认知策略，通过鼓励他们讨论自己的学习[如交互教学法（reciprocal teaching）]来唤醒元认知意识，是提升学业成绩最有效的方法。希金斯等人（Higgins et al.，2011）在英国做了类似的研究，他们选择了英国范围内的50项教育实践研究来做元分析。他们关注的重点是针对处境不利儿童的教育干预，得出的结论与哈蒂类似，即最有效的干预措施是那些支持儿童自主学习、在小组中合作与反思的项目。

2.5 通过早期教育实践支持儿童的自我控制

关于早期教育实践如何促进儿童自我控制发展这个议题，我之前发表的一些文章中有所涉及（Whitebread & Coltman，2011；Whitebread，2012）。我总结出四个关键特征：营造情绪上温暖、安全、支持的课堂氛围；提供具有年龄适宜性、稍有挑战性的任务；给儿童学习与其他活动的自主权；鼓励儿童讨论自己的学习、让学习的过程"可视化"（learning visible）。其中一些方面已经得到了后续研究的支持。

在本章中，我一方面想总结一下得出上述四个关键特征是基于哪些已有的研究，另一方面也希望能补充一些最近的研究成果。我主要参考了两类研究的成果：一是对机构中支持儿童自我控制的教育实践的研究；二是对儿童早期与父母（通常是母亲）互动的研究。机构中的研究主要关注不同教育实践带来的不同结果。这类研究通常是在小学低年级开展的，但一些结果同样适用于学前教育阶段。成果主要涉及两个方面：一是班级的情绪与动机氛围；二是自我控制发展的社会维度。

先来介绍第一类研究成果。举例来说，佩里（Perry，1998）对二、三年级学生的读写活动进行了为期 6 个月的观察研究。结果发现可以支持儿童自我控制发展的因素有：有挑战且开放的写作活动、学生自主选择任务的难度、给学生自我评价的机会、教师的自主支持（教师教给学生完成某任务的策略）、遇到困难时教师鼓励并给予情感支持、鼓励个体的进步、从失败与错误中学习等。

关于自我控制发展的社会维度，研究者大多关注教师的"元认知对话"（metacognitive talk）和学生对学习过程的反思。研究发现，教师教给儿童一些元认知与学习策略、鼓励儿童反思自己的学习，能有效促进儿童自我控制的发展。元认知对话的研究多是基于本章 2.2 节要介绍的弗拉维尔的早期研究结果：儿童即使掌握了某些策略，也很难在适当的任务情境中选择并使用恰当的策略。至于策略提取失败，法布芮库斯和哈根（Fabricus & Hagen，1984）在研究中做了探讨。他们教 6～7 岁儿童使用组织策略，使他们在实验中取得更好的表现。结果发现，一些儿童把成功归因于策略的使用，另一些则认为自己花的时间更长、更用心。后一组儿童只有 32% 在二次重复实验时使用了组织策略，而第一组儿童使用组织策略的比例则达到 99%。很显然，在自我控制发展的早期阶段，教师需要在元认知方面给儿童一些支持。例如，当我们教给儿童一种新的、更有效的学习策略时，我们需要跟儿童讨论为什么这种策略会有效。当面对新的、类似的任务情境时，我们需要提醒儿童想一想他们曾经使用过哪些策略、是否有效等。

奥恩斯坦等人（Ornstein et al.，2010）的一项研究支持了上述观点。他们在一年级的数学课上做教育实验，考查教师参与"元认知对话"的数量与学习效果之间的关系。元认知对话包括教师对学生可以使用哪些记忆策略提出建议、提一些元认知的问题来帮助学生提取知识（如你可以用哪些方法让自己记住呢）等。观察发现，不同教师在课堂上使用元认知对话的数量不同，占比从 0% 到 12%。研究者同时记录了教师布置的记忆任务，考查学生完成某项记忆任务期间教师元认知对话所占时间的百分比。结果发现，教师元认知对话所占百分比高的班级学生的记忆效果显著优于教师元认知对话占比低的班级，当记忆任务难度增加时更是如此。更有力的证据是研究者通过追踪研究这批学生发现，到一年级结束他们已经可以把元认知策略迁移到其他教学内容的学习上，到四年级结束时两组间的差异仍然具有统计显著性。

元认知干预实验的结果证实了几种不同的教育方法可以促进儿童自我控制的发展。例如，小组合作学习（两人一组来合作完成一项任务）、同伴教学（一个同学把自己学过的内容或掌握的技能教给另外一个同学）、自我说服（如在儿童哲学课或一般的讨论环节，要求儿童解释自己或其他人推理的过程）、任务汇报（要求儿童反思活动的过程，可能会用一些照片作为支持）等。

前面提到的剑桥郡自主学习项目的一个关键发现就是 3～5 岁儿童经常会在游戏（尤其是建构游戏与假装游戏）中表现出元认知与自我控制的能力（Whitebread et al.，2007）。自我控制的行为与对话常发生在儿童解决问题的过程中。我们经常观察到儿童用"自言自语"（private speech）的方式来评价自己的游戏表现。这似乎是从成人支架的外部控制向内部语言与思维主导的自我控制的过渡。伯克等人（Berk et al.，2006）的研究提供了大量儿童在假装游戏中表现出自我控制能力的案例。我和一位同事最近对复杂的社会性假装游戏的研究也发现，这类游戏为儿童提供了大量发展自我控制能力的机会。他们或者通过改变角色行为（"哦，亲爱的，孩子哭了"）或通过短暂的抽离角色（"好，现在你假装自己是婴儿，你哭是因为你很难过"）来推动情节发展（Whitebread & O'Sullivan，2012）。角色游戏可能是学前儿童最复杂的游戏形式了，也是许多儿童都很难玩好的一种游戏。正因如此，它才提供了很好的机会让成人参与进来扮演一定的角色。当儿童已经获得了一些角色扮演的能力后，成人的及时撤出是支持儿童的语言和自我控制能力发展非常好的途径。

最后我想谈谈儿童的语言发展与自我控制之间的关系。这两个方面在儿童学习中发挥着相辅相成的作用。许多研究都发现两者在儿童早期有较强的相关性。比如，一项在美国开展的研究追踪测查了120个幼儿14个月、24个月和36个月时的发展轨迹。结果发现，儿童掌握的词汇量与自我控制行为（如维持对任务的注意力、适应改变等）之间有较强关联。

儿童早期与父母互动的研究主要考察了母亲与婴儿的"共同注意时间"（joint attention episodes），指母亲与儿童共同关注一个特定的物体或事件，双方通过语言或非语言的方式来交流。布林克和利尔詹弗斯（Brinck & Liljenfors，2013）的研究发现2～4个月的婴儿就能在母子共同注意时间中表现出元认知与自我控制能力。他们认为母亲在这种情境下既是婴儿模仿的对象，也能为婴儿提供反馈以鼓励他们早期在认知控制上所做的努力。许多研究都证实早期婴儿与母亲在共同注意时间花费的时长与他们的认知发展相关，也和自我控制发展相关。谢弗（Schaffer，2004，p. 299）用下面这个例子清楚地解释了什么是共同注意时间以及它的关键特征：

> 举一个很常见的例子，母亲和她2岁的孩子在玩玩具。孩子从一些玩具中选出一个开始玩。母亲这时候开始谈论这个玩具，她可能会谈论玩具叫什么、有什么特点、怎么玩、跟之前儿童玩过的玩具有哪些相似之处等。母亲通过这种方式丰富了儿童当下游戏的内容和语言。

除了共同注意时间的时长外，母亲的敏感性、回应性也会影响儿童的语言发展。一些成人对儿童的指向行为或注视行为很敏感，把它们看作儿童集中注意力的表现。与谢弗描述的一样，他们会跟随儿童的注意、回应他们的兴趣。而另一些父母可能会尝试转移儿童的注意，让他们去关注自己感兴趣的事物。

相比后一种"注意转移"（attention-shifting）的方式，前一种"注意跟随"（attention-following）的方式关注了儿童的兴趣，对于儿童的语言和自我控制发展而言是一种更为有效的方式。

　　另外一些研究考察了母亲在共同注意时间相关活动中语言的内容与风格的作用。例如，比博克等人（Bibok et al.，2009）的研究区分了母亲使用直接语言与精细化语言的频次。直接语言是指母亲直接要求儿童做某事，精细化语言则包括前面谢弗提到的一些关于背景信息的语言，或者解释做某事的理由，或者用其他一些方式鼓励儿童扩展当下的经验。母亲更多使用精细化语言能促进儿童执行功能的发展，如我们前面所说，这是早期自我控制的基础。

2.6　结　语

　　关于元认知与自我控制这一复杂但令人着迷的课题，我们的研究还远远不够。它们随着儿童的出生产生，在学前阶段快速发展。然而，就像我在这一章中介绍的，我们已经取得了一些重要的成果：初步了解了自我控制中认知与情感维度的发展及早期环境因素所起的作用。我们不可忽视自我控制对儿童其他方面发展的短期和长期预测作用。同时，我们知道早期教育的质量对儿童自我控制的发展有着深远的影响。作为早期教育实践者，我们尤其要关注以下三点：一是为儿童提供安全的情绪氛围，让他们感觉到安全与被重视；二是反思我们在多大程度上满足了儿童的基本需要，包括对自主性的需要、对能力的需要；三是关注游戏与师幼对话过程中教师语言的质量。

　　儿童天生充满了对世界的好奇心，他们想要理解周围的世界，想要与父母和他人互动，想要向成人学习，也想给自己一些挑战并达成自己的目标。本章的目的也是希望让大家重视这一话题，思考我们应该做些什么，因为我们所做的能给他们莫大的支持和帮助。作为教师，我们的最终目标是使学生成为有能力的、独立的学习者，不需要我们再教给他们什么。如果你离开教室几分钟之后回来，发现学生们依然全身心地投入自己的活动中，根本没有发现你离开了一会儿，那么你努力的方向可能就是正确的。最后，祝各位教师好运！

参考文献

［1］Bandura，A.（1997）*Self-efficacy：The Exercise of Control*. New York：W. H. Freeman.

［2］Berk，L. E.，Mann，T. D. and Ogan，A. T.（2006）Make-believe play：wellspring for development of self-regulation，in D. G. Singer，R. M. Golinkoff and K. Hirsh-Pasek（eds）*Play = Learning：How Play Motivates and Enhances Children's Cognitive and Social-Emotional Growth.* Oxford：Oxford University Press.

［3］Bibok，M. B.，Carpendale，J. I. M. and Muller，U.（2009）Parental scaffolding and the development of executive function，in C. Lewis and J. I. M. Carpendale（eds）Social Interaction and the Development of Executive Function，*New Directions for Child and Adolescent Development*，123：17-34.

［4］Blair，C. and Razza，R. P.（2007）Reluting effortful control，excutive function，and false belief understanding to emerging math and literacy abilities in kindergarten，*Child Development*，78：647-663.

［5］Brinck，I. and Liljenfors，R.（2013）The developmental origin of metacognition，*Infant and Child Development*，22：85-101.

［6］Bronson，M.（2000）*Self-regulation in Early Childhood.* New York：Guilford Press.

［7］Calkins，S. D. and Leerkes，E. M.（2011）Early attachment processes and the development of emotional self-regulation，in K. D. Vohs and R. F. Baumeister（eds）*Handbook of Self-regulation：Research，Theory and Applications*，2nd edn. New York：Guilford Press.

［8］Deci，E. L. and Ryan，R. M.（2008）Self-determination theory：a macrotheory of human motivation，development and health，*Canadian Psychology*，49（3）：182-185.

［9］Denham，S. A. and Burton，R.（2003）*Social and Emotional Prevention and Intervention Programming for Pre-schoolers.* New York：Plenum.

［10］Dweck，C. S. and Master，A.（2008）Self-theories motivate self-regulated learning，in D. H. Schunk and B. J. Zimmerman（eds）*Motivation and Self-regulated Learning.* Mahwah，NJ：Lawrence Erlbaum.

［11］Eisenberg，N.，Smith，C. L. and Spinrad，T. L.（2011）Effortful control：relations with emotion regulation，adjustment and socialization in childhood，in R. F. Baumeister and K. D. Vohs（eds）*Handbook of Self-regulation：Research，Theory and Applications*，2nd edn. New York：Guilford Press.

［12］Fabricius，W. V. and Hagen，J. W.（1984）Use of causal attributions about recall performance to assess metamemory and predict strategic memory behaviour in young children，*Developmental Psychology*，20：975-987.

［13］Flavell，J. H.（1979）Metacognition and cognitive monitoring：a new area of cognitive developmental inquiry，*American Psychologist*，34：906-911.

［14］Flavell，J. H.，Beach，D. R. and Chinsky，J. M.（1966）Spontaneous verbal rehearsal in as memory task as a function of age, *Child Development*, 37：283-299.

[15] Garon, N., Bryson, S. E. and Smith, I. M. (2008) Executive function in preschoolers：a review using an integrative framework, *Psychological Bulletin*, 134(1)：31-60.

[16] Hattie, J. (2009) *Visible Learning：A Synthesis of 800 Meta-analyses Relating to Achievement.* London：Routledge.

[17] Higgins, S., Kokotsaki, D. and Coe, R (2011) *Pupil Premium Toolkit：Summary for Schools.* London：Sutton Trust. http：//www. suttontrust. com/education-endowment-foundation/toolkit/(accessed 26 April 2013).

[18] Hofmann, W., Schmeichel, B. J. and Baddeley, A. D. (2012) Executive functions and self-regulation, *Trends in Cognitive Sciences*, 16(3)：174-180.

[19] Istomina, Z. M. (1975) The development of voluntary memory in preschool-age children, *Soviet Psychology*, 13：5-64.

[20] Meltzoff, A. N. (2011) Social cognition and the origins of imitation, empathy, and theory of mind, in U. Goswami (ed.) *The Wiley-Blackwell Handbook of Childhood Cognitive Development*, 2nd edn. Malden, MA：Wiley-Blackwell.

[21] Nelson, T. O and Narens, L. (1990) Metamemory：a theoretical framework and new findings, in G. Bower (ed.) *The Psychology of Learning and Motivation：Advances in Research and Theory*, Vol. 26. New York：Academic Press.

[22] Ornstein, P. A., Grammer, J. K. and Coffman, J. L. (2010) Teachers''Mnemonic Style' and the development of skilled memory, in H. S. Waters and W. Schneider (eds) *Metacognition, Strategy Use and Instruction.* New York：Guilford Press.

[23] Pekrun, R., Goetz, T., Titz, W. and Perry, R. (2002) Academic emotions in students' self-regulated learning and achievement：a program of qualitative and quantitative research, *Educational Psychologist*, 37：91-105.

[24] Perry, N. (1998) Young children's self-regulated learning and contexts that support it, *Journal of Educational Psychology*, 90(4)：715-729.

[25] Reeve, J., Ryan, R., Deci, E. L. and Jang, H. (2008) Understanding and promoting autonomous self-regulation：a self-determination theory perspective, in D. H. Schunk and B. J. Zimmerman (eds) *Motivation and Self-regulated Learning.* Mahwah, NJ：Lawrence Erlbaum.

[26] Schaffer, H. R. (2004) *Introducing Child Psychology.* Oxford：Blackwell.

[27] Schunk, D. H. and Zimmerman, B. J. (eds) (1994) *Self-regulation of Learning and Performance：Issues and Educational Applications.* Hillsdale, NJ：Lawrence Erlbaum.

[28] Sylva, K. and Wiltshire, J. (1993) The impact of early learning on children's later development：a review prepared for the RSA inquiry "Start Right", *European Early Childhood Education Research Journal*, 1：17- 40.

[28] Sylva, K., Melhuish, E. C., Sammons, P., Siraj-Blatchford, I. and Taggart, B. (2004) *The Effective*

Provision of Pre-School Education（EPPE）Project：*Technical Paper 12 - The Final Report*：*Effective Pre-School Education.* London：DfES/Institute of Education, University of London.

［29］Vallotton, C. and Ayoub, C. （2011） Use your words：the role of language in the development of toddlers' self-regulation, *Early Childhood Research Quarterly*, 26：169-181.

［30］Vygotsky, L. S. （1978） *Mind in Society*：*The Development of Higher Psychological Processes.* Cambridge, MA：Harvard University Press.

［31］Vygotsky, L. S. （1986） *Thought and Language.* Cambridge, MA：MIT Press.

［32］Whitebread, D. （2012） *Developmental Psychology and Early Childhood Education.* London：Sage.

［33］Whitebread, D. and Basilio, M. （2012） The emergence and early development of self-regulation in young children, *Profesorado*：*Journal of Curriculum and Teacher Education*, *Monograph Issue*：*Learn to learn. Teaching and evaluation of self-regulated learning*, 16（1）：15-34.

［34］Whitebread, D. and Coltman, P. （2011） Developing young children as self-regulated learners, in J. Moyles, J. Georgeson and J. Payler （eds） *Beginning Teaching*, *Beginning Learning*：*In Early Years and Primary Education.* Maidenhead：Open University Press.

［35］Whitebread, D. and O'Sullivan, L. （2012） Preschool children's social pretend play：supporting the development of metacommunication, metacognition and self-regulation, *International Journal of Play*, 1（2）：197-213.

［36］Whitebread, D. , Anderson, H. , Coltman, P. et al. （2005） Developing independent learning in the early years, *Education 3-13*, 33：40-50.

［37］Whitebread, D. , Bingham, S. , Grau, V. , Pino Pasternak, D. and Sangster, C. （2007） Development of metacognition and self-regulated learning in young children：the role of collaborative and peer-assisted learning, *Journal of Cognitive Education and Psychology*, 6：433-455.

［38］Whitebread, D. , Coltman, P. , Pino Pasternak, D. et al. （2009） The development of two observational tools for assessing metacognition and self-regulated learning in young children, *Metacognition and Learning*, 4（1）：63-85.

［39］Wood, D. , Bruner, J. and Ross, G. （1976） The role of tutoring in problem-solving, *Journal of Child Psychology and Psychiatry*, 17：89-100.

第三章

游戏与探索

苏·罗格斯/**文**

许丹莹/**译**

3.1　前言：设置情境

> 趴在地上积极、专注地参与学步儿的活动需要创造力和奉献，这样的付出能促进儿童的发展。儿童游戏看似只是儿童的事，但事实上，成人的参与能够帮助儿童获得一些可喜的附加收益。
>
> （Bornstein et al.，1996）

在一项有关妈妈和儿童的游戏及其对认知发展的影响的研究中，伯恩斯坦（Bornstein）和他的同事们指出成人可以在儿童的游戏中提供很多支持。但需要注意，成人最有效的参与方式是采用游戏者的态度，而不是过度指导或改变儿童的游戏，又或者过分强调游戏的真实性或者工具性。与之相似，帕克里斯（Parker-Rees，2007）认为早期教育从业者可以像许多父母一样自然地与婴幼儿进行游戏性互动。通过对婴儿模仿研究的回顾，他得出结论："与熟悉的伙伴相互模仿这个现象提醒我们，人类特有的、有意识的教育教学，其核心是与他人相互陪伴的喜悦"。（Parker-Rees，2007，p.11）不难理解，这种"与他人相互陪伴的喜悦"以及它可能产生的积极影响，增强了人与人的纽带和家庭关系，并为儿童亲社会行为和自我效能的发展奠定了坚实的基础。然而，更具有挑战性的是如何在教学实践中使这种游戏性的关系得以发展。

许多跨学科和追踪几十年的研究都表明，游戏似乎是儿童探索和理解世界的主要方式。此外，游戏对游戏者来说首先是愉快和有意义的，并且是高度社会性的（Carpendale & Lewis，2006）。游戏对个体发展和经验获得的价值是毫无疑问的，但具体如何起作用仍然存在争议（Smith，2010）。人们普遍认为，在任何文化、地点和时间，儿童都会自然地和自发地进行游戏与探索（Goncu & Gaskins，2007），这种游戏提供了一种强有力的手段，使他们能够理解材料、概念和社会世界的复杂性。虽然游戏和探索似乎是人类普遍的驱动力（Smith，2010），但儿童的游戏活动受到鼓励或限制的程度取决于具体的文化和社会背景。同时，儿童早期在家庭中的依恋模式、与照顾者建立的关系以及家庭内的沟通等经验也会影响其游戏与探索活动（Roulstone et al.，2011）。

3.2　《早期基础阶段法定框架》中的游戏与探索

最新版本的《早期基础阶段法定框架》（以下简称《法定框架》）①（DfE，2012）正式认可了游戏与探索的重要性。该框架建立在两个多世纪以来西方教育系统中学前教育一直强调以游戏为基础的传统之上。但是，过去的几十年间，在游戏越来越受到官方关注的同时，评估和问责的措施也越来越受到重视。就好像如果我们要把游戏作为儿童早期教育的一部分，那它必须具有明确的价值和目的。要明确地说出游戏的价值可以说很有挑战性，因为根据定义，游戏本身是很难衡量和评估的。

《法定框架》中指出：

> 学习和发展的每个领域都必须通过有计划的、有目的的游戏来实现，并且需要兼顾成人主导和儿童发起的游戏。游戏对于儿童的发展至关重

---

① 　2017年《早期基础阶段法定框架》又做了新的修订。——译者注

要，能帮助他们在学习探索、思考问题以及与他人互动的过程中建立信心。儿童是通过自己发起的游戏以及参加由成人指导的游戏来学习的。

（DfE，2012）

在早期教育领域有很多关于到底什么是"有计划的、有目的的游戏"以及如何平衡成人主导和儿童发起的游戏的争论。《法定框架》对此几乎没有提供任何指导，只是指出"从业者要自己判断儿童主导的活动与成人主导的活动之间的平衡点"。

参与儿童的游戏对成人来说可能是一项挑战，尤其是那种包含高度幻想的游戏。在本章中，我的建议是游戏需要提前计划，以确保儿童能够获得广泛的可能性和机会，但正如布朗（Brown，2009）所提出的那样，如果目的比游戏本身更重要，那么这可能并不是真正的游戏。

"游戏与探索"数十年来一直是早期教育的核心，《法定框架》将其作为"有效学习"（effective learning）的三个关键特征之一使其重要性得到进一步认可。当然，这三个学习的关键特征之间有许多交叉，它们不应被视为相互独立的部分。即便如此，本书依然在不同章节分别讨论了这三个方面，这样做的好处是可以分别讨论每一个特征指什么、对学习的价值以及相关的环境因素。也就是说，我们不仅要考虑有效学习的特征，还要考虑"有效教学"（effective pedagogy）的特征及其对早期教育从业者的启示。我前面已经提到，与儿童的游戏性互动是一种有效的方式。这些特征旨在提供一个框架，帮助从业者关注儿童的兴趣，强调学习的过程和环境而不是学习的内容或结果。

3.3 社会文化取向下的游戏与探索

这一部分我们从社会文化（sociocultural）视角来看游戏与探索。社会文化取向认为学习和发展的方式既是社会的，又是个体的，同时是构建的，并且学习者是学习的主体。维果斯基（Vygotsky，1978）的思想对社会文化学说有巨大影响。他认为，所有的学习和意义都是在与他人的互动中建构起来的。从这个角度来看，儿童从出生开始就是主动的建构者，而不是被动的接受者。当我们观察孩子时，他们也会观察我们并学习如何回应以实现他们的目标；尝试猜测我们在想什么并逐渐探索出规则；知道什么是被接受的、什么是不被接受的。婴儿通过感知周围的世界以及与他人的社交联系获得经验，并从经验中寻找意义。即使是新生儿，也会通过身体动作、非语言交流来表现各种各样的感受，例如不适、满足或痛苦，同时也会根据所得到的反馈调整自己的行为。年龄较大的儿童为了满足自身的需求，会学习如何对成人的要求和规则说"不"，就像扎克(Zac，4 岁)说的那样，"除非老师没有在看，否则应该是老师来决定游戏区的人数是否超了"。

　　在本章中，"主体性"(agency)是指一个人在世界中存在、观察和回应的方式，即在特定的社会文化背景下对自己的心理活动的控制(Edwards，2001)。然而，儿童的主体性还很有限，因为他们可能尚未具备根据其思想和决定采取行动的技能，或者是早期教育机构的规则、惯例和条例等结构特征妨碍了他们主体性的发挥。为了支持儿童的主体性，成人需要识别那些限制因素并在实践中注意去支持而不是主导儿童的经验。这要求早期教育从业者重新思考既定的工作方式和成人与儿童之间传统的等级关系，尤其是在游戏与探索的情况下。如果过于强调儿童的主体性，我们也可能会忽略那些他们需要成人帮助、指导和设定界限的瞬间。此外，在同伴游戏中，主体性不仅受个体因素影响，还会受到同伴之间相互作用的影响。同伴游戏为儿童提供了与他人协商、考虑他人需求的机会，从而学习控制自己的行为和感受。儿童和成人一起游戏与探索则会促进他们在早期教育机构中积极地塑造教与学的经验。从社会建构的视角出发，早期基础阶段的课程与教学可以看作以儿童与成人之间的双向关系为基础的、共同建构与协商的过程(Rogers，2010)。

游戏与探索：相同还是不同？

　　詹姆斯，3 岁 6 个月，正在和他父亲一起建造一个"弹珠跑道"。他们一起连接着碎片去制造复杂蜿蜒的跑道，让弹珠最终可以在里面通过。建好后，詹姆斯就会在滑槽上一个接一个地释放弹珠，每个弹珠都会顺着迂回曲折的跑道滚落，发出"咔嚓"的声音，最终落入底部的容器中。詹姆斯显然对这种运动及其产生的声音着迷，于是多次重复这个活动。后来他拿走了大约装有 25 颗弹珠的盒子并连续快速地释放所有弹珠，这造成了弹珠在跑道中的"堵车"。当他的父亲试图进行干预以疏通弹珠时，詹姆斯坚持想在没有帮助和干扰的情况下独自完成这项工作。他刻意制造了弹珠堵车，并被弹珠在跑道中产生的长蛇状图案所吸引。詹姆斯大约用了 20 分钟来玩弹珠游戏，之后被叫去吃晚饭时还有些不情不愿。他离开后，"弹珠跑道"被收起来了，但后来詹姆斯又有几次提出要玩弹珠，显然他被这个游戏深深吸引了。

詹姆斯的行为在家中或早期教育机构中都可以观察到，属于拉弗斯（Laevers，1993）所讲的典型的"投入"（involvement）：

- 能观察到儿童的专注与坚持；
- 儿童表现出以下特征——动机、着迷、对刺激的开放性，身体和认知水平上的强度体验，以及伴随强大的能量流动的满足感；
- 由"探索"的动力和儿童的个人发展需求驱动。

詹姆斯显然从这项活动中获得了极大的乐趣和满足感，这是在释放弹珠的多次重复行动中所表现出来的。然而，他并没有以任何明显的方式表现出这种快乐，他的面部表情依旧严肃，他的目光集中在眼前的任务上。这是一个很好的例子，这是由詹姆斯发起和主导的有计划、有目的的游戏与探索，同时他的父亲也发挥了重要作用，帮助他搭建弹珠跑道以及在最初帮助他建立了玩弹珠的模式。詹姆斯刻意制造出弹珠堵车，这表明他对行为可能的结果很感兴趣，这种"如果……怎么样"的问题往往支持了游戏与探索行为。他希望控制这项活动，并在父亲希望他按照"正确"的方法来玩弹珠时表示反抗。这很有意思，因为这揭示了材料不仅可以激发幼儿的探索行为，而且还能激发幼儿控制游戏过程的渴望：即使面对成人的干预，他们也要按自己的想法来玩游戏。在这一过程中，詹姆斯也发挥了主体性。当他被叫走时，他表现出不满和抵抗，但最终在父亲的介入下顺从了。

这是游戏还是探索？我们可以从这个例子中了解到游戏和探索之间的差异吗？如果我们将这个例子视为游戏，那么我们可以得出结论，游戏经常是严肃的，需要深度投入和集中注意。詹姆斯完全沉浸在这种单独的活动中，但它似乎也包含了"如果……怎么样"的自我对话：如果我一次释放所有弹珠会怎么样？儿童在试图尝试并探索新角色时会提出类似的问题：如果我假装成怪物会怎么样？詹姆斯表现出"愿意发起行动"（willing to have a go；Early Education，

2012)并且热衷于发现的倾向。

　　游戏和探索这两个术语在更广义的"游戏"概念下经常互换使用。上面这个典型的例子说明想要直接区分游戏与探索并不容易。事实上，在《法定框架》中使用"游戏与探索"(playing and exploring)这样的表述也似乎说明它们之间存在很多交叉。然而，在文献中，研究者有时在游戏和探索之间进行了明确的区分。赫特及其同事(Hutt et al.，1989)的工作在这一领域尤为重要，因为他们区分了通常被称为"游戏"(play)的活动中的两种不同类型的行为，并提出如何在早期教育实践中区分这两种行为。研究小组观察了3～5岁儿童对一种不熟悉的玩具的反应，并得出结论：儿童的行为模式存在惊人的相似之处。基于观察的证据，赫特等人提出了两类主要的行为模式：探索和游戏。探索指儿童通过视觉、活动与操作来了解玩具。研究结果发现，在大约6天的时间内，探索行为会减少，并逐渐出现一种新的行为模式(Hutt et al.，1989，p.4)。他们认为，孩子通过"探索"(exploration)获得了关于新玩具属性的知识，之后才能运用这些知识到"游戏"中。至于两者之间的区别，赫特等人认为："'探索'要解决的问题是：这个物体是什么？而'游戏'要解决的问题是：我能用它做些什么？"(1989，p.4)也就是说，探索是当儿童面对陌生和新奇刺激时出现的行为模式。

　　此外，赫特等人(Hutt et al.，1989)认为，当孩子面对熟悉的情境、事件或物体时，更有可能出现游戏。在游戏中，儿童可以以新颖的方式运用先前的知识、技能和概念。正如维果斯基所讲，在游戏中"棍子变成了马"。换句话说，一旦通过探索熟悉了物体的属性，儿童就可以以极富想象的方式运用它。在下面这个学前班儿童角色游戏的例子中，我们可以看到儿童正在"将过去的经验迁移到游戏中"(Early Education，2012)，将已经掌握的关于物体、地点和人物的日常知识运用到假想情境中。

　　　　罗珊：你可以假装在点单，但是你不是小孩子。[跑出咖啡馆说："可以给我一张卡(指入区卡)吗？我想要去咖啡馆。"]

　　　　罗珊：你想要什么，女士？[假装写下订单]

　　　　米娅假装把它写下来，罗珊插话说："我来写，你在厨房里把它递出来。"

然后她把注意力转回到她的顾客，问："你想喝什么，夫人？"

　　萨莉：我想要一个甜甜圈。

　　米娅：一个甜甜圈。

　　罗珊：不，米娅，别给她讲，她不知道这里有什么…… 我会告诉她，有水、橙汁和冰激凌。你想要一些麦片吗？她想要一个冰激凌，给顾客她的食物。

　　罗珊现在正在使用手机（一块积木）并假装写下订单。她说："谁是妈妈，谁是妈妈？我想帮你下单，但有人正打电话进来，我会尽快。"

　　罗珊对玛丽说："某人打电话来订了 10 个香肠，10 杯牛奶和 10 个冰激凌，因为他们一共有 10 个人。"

　　根据赫特等人（Hutt et al.，1989）的观点，上述类型的游戏可以说和之前提到的詹姆斯使用新材料玩弹珠游戏的例子非常不同。我认为，区分探索和游戏是有帮助的，它使我们能够再次思考我们习惯称之为游戏的活动实际包含不同的类别。对于婴幼儿，主要是通过感知运动进行探索。对于 3~5 岁的幼儿，更普遍的是假装游戏。当然，我们可以从发展的角度来解释这个现象，但这并不意味着婴儿和学步儿只有探索没有游戏，也不意味着年龄稍大的幼儿探索行为会减少。赫特的研究也有可能给人一种误导和不准确的印象，即探索比游戏更有价值，因为它似乎更直接地与获取新知识联系在一起。其实，在游戏情境中应用这些新知识同样重要和有价值，运用新知识能帮助儿童建立他们对世界的理解，让儿童在真实或想象的情境中试验自己的想法，并将观点和感受传达给他人。赫特对儿童行为的区分，可以帮助我们思考在实践中为儿童提供的可利用材料和空间的可能性范围：我们多久更新一次材料以刺激探索性的求知行为？儿童是否有机会重新接触材料，以便他们在探索了材料的物理和感官特征后可以在假装游戏中重复使用它们？儿童有机会利用"开放性材料"（open-ended material）进行游戏吗？

　　或许可以借助休斯（Hughes）提出的"探索游戏"（exploratory play）这个术语

来描述我们观察到的众多游戏类型。休斯提出了16种在早期教育机构可以观察到的不同的游戏类型。下面列出了部分游戏类型，更多细节可以参考休斯（1996）的研究。

- 探索游戏（exploratory paly）
- 幻想游戏（fantasy play）
- 想象游戏（imaginative play）
- 运动游戏（locomotive play）
- 实物游戏（object play）
- 角色游戏（role play）
- 象征游戏（symbolic play）
- 打斗游戏（rough and tumble play）
- 社会表演游戏（socio-dramatic play）
- 社会游戏（social play）
- 创造性游戏（creative play）
- 沟通游戏（communication play）
- 戏剧游戏（dramatic play）
- 深度游戏（deep play）

　　休斯界定的探索游戏是指"通过操作物体，如抓握、投掷、敲击等获得事实信息的行为"，这种行为可能蕴含一些游戏的特点，也有可能伴随着其他类型的游戏，如创造性游戏或运动游戏。也许最值得考虑的问题是：将一项活动命名为游戏或探索之后，成人会如何回应或支持儿童的经验获得？

3.4　探索能力和表征能力

　　研究表明，要获得游戏能力，婴儿需要发展探索能力和表征能力（Shore，1998；Campbell，2002）。探索能力体现在儿童的视觉注意和物体操纵中。表征能力是指使用一种事物（手势、文字或物体）来代替或表征其他事物。显然，表征能力与之后个体在角色游戏、语言、数学及艺术活动中的符号表征有较强的相关。在假装游戏、图式与多模态活动中，我们能看到幼儿如何从最初的个人意义建构到通过成人提供的资源与经验建立能够与他人共享的符号系统。在3.3节的例子中，詹姆斯玩弹珠时表现的就是他的探索能力。与之相反，罗珊把积木当作移动电话，并假装写一份清单时展示的是表征能力。探索能力和表征能力的发展取决于父母和其他成人的支持，但这种支持最好是以共同的、交互游戏的形式提供的。例如，在娃娃家，教师可以和儿童轮流搅拌并品尝想象中的汤，而不是简单地把勺子递给儿童或询问一些关于汤的特征的问题（Campbell，2002）。进入由儿童创造的虚构世界并参与共同游戏，能扩展儿童的游戏与语言。同样地，成人为婴幼儿提供"安全基地"（secure base）也能激发儿童对环境的探索，帮助儿童成为自信的学习者。例如，戈德施米德（Goldschmied）发现在寻宝游戏中成人扮演一个默不作声的搭档能够"为幼儿提供一个安全基地，鼓励幼儿去探索和探险；同时当幼儿陷入困境时，安全基地也是他们的避难所"（Rose & Rogers，2012，pp. 35-36）。

要成为一个自信的学习者，儿童需要通过游戏与探索来获得对环境的掌控感。儿童可能会以成人未曾想到的方式使用材料，在攀爬架上爬到让成人感觉有些害怕的高度；或者探讨一些成人难以应对的话题，如死亡、暴力和性。但是，对于儿童来说，通过游戏来获得探索能力和表征能力需要成人的支持，比如偶尔允许探索游戏后的一片狼藉，支持儿童一定程度的冒险来挑战自己能力的极限。在这样的游戏中，儿童会获得更强的自我价值感和自主性。

3.5 早期的游戏：依恋与调谐

人从出生开始就具备游戏以及回应游戏性互动的能力。早期的互动中埋藏着安全依恋与有效学习的种子，它影响着个体发展的方方面面。约翰·鲍尔比（John Bowlby，1969）最早提出了婴儿在与主要扶养人建立依恋的过程中形成了早期的应对世界的方式。依恋是关系的建立，在这个过程中，个体出于对保障和安全的生理需求与他人建立强烈的亲密关系（Rose & Rogers，2012）。在早期教育机构中，幼儿依恋的对象是关键他人，《法定框架》也对机构中的关键他人做出了相关的规定。关键他人与新生儿的游戏性互动，如倾听婴儿尝试与周围的人交流时发出的声音，有助于建立依恋关系。成人还需要判断婴儿的互动什么时候是游戏性的、什么时候不是。有时候他们可能只是累了、饿了或身体不适，或者他们可能是过度兴奋或不感兴趣。这些通过非语言和肢体语言表达的情绪状态对于有经验的早期教育从业者而言都是重要的线索，这些线索可以帮助从业者开展游戏化的教育活动，从而与幼儿建立积极的依恋关系。

罗斯和罗格斯（Rose & Rogers，2012）指出，"安全依恋"的建立需要成人的共情回应（Underdown，2007），成人需要密切关注儿童的语言和非语言信号，通过这些信号捕捉儿童的感受以及他们的需求和兴趣。这就是所谓"调谐"（attunement），指婴儿与另一个人（通常是，但不限于是主要抚养者）建立的深刻、真实和重要的联系。婴儿和看护者之间的调谐会影响大脑的突触结构组建，也是学习能力和情绪健康的基础。

总之，阿雷东多和爱德华兹（Arredondo & Edwards，2000）认为调谐取决于以下关键要素：

- 成人在情感上的可获得性；
- 成人的高度灵活性；
- 不同情感（情绪）的表达；
- 游戏力；
- 发起充满关爱的互动；
- 幽默感；
- 耐心。

我们再一次看到"游戏力"（genuine playfulness）是与婴儿积极互动的特征之一。此外，正是这种早期的游戏性互动为婴儿能够区分主体与客体奠定了基础。从看护者那里得到的反馈对于婴儿认识客体自我至关重要，也影响着他们后续是否愿意与他人沟通。这些游戏性互动产生的快乐和信心鼓励婴儿重复练习动作和声音，积极去寻求看护者的回应。

3.6　发现的年纪：戈德施米德的寻宝游戏

探索游戏最常出现在皮亚杰描述的感知运动阶段，即从出生到 2 岁（Piaget，1978）。婴儿试图通过多种方式，如抓握、吸吮、敲打和投掷物体来理解世界。婴儿通过感官和探索游戏构建图式，或将"重复的动作模式进行早期分类，然后到逻辑分类"（Athey，1990，p. 36）。通过探索游戏建立的一系列图式能帮助儿童了解因果关系、验证物体的属性，随着活动范围的增加，儿童逐渐理解空间的概念。儿童的探索游戏需要成人提供有趣材料和物品，同时也需要与其他人互动以及获得他人的鼓励。当婴儿能够坐起来把玩物体时，他们开始用不同的视角看这个世界，他们的独立性也在游戏中得到发展。戈德施米德（Goldschmied，1987）开发了一种特殊的感知运动游戏，称为"寻宝游戏"（treasure baskets），就是把一些日常物品放进一个篮子里，这些物品可以为儿童提供多种感官体验并有助于发展手眼协调能力（Rose & Rogers，2012）。戈德施米德认为成人在该游戏中应扮演被动而非主动的角色，充当儿童探索的"安全基地"和"避风港"（safe haven）。儿童发起的探索可以让他们天生的好奇心得以发展，并有助于他们获得"控制感"（sense of control）和"自我效能感"（self-efficacy）。当然，如道林（Dowling，2006）所建议的那样，成人也可以在儿童的探索过程中扮演更主动的角色。通过"持续的共享思维"（sustained shared thinking）来"支架"儿童的学习，有助于围绕活动展开对话。重要的是，不要仅仅询问那些有关物体属性的问题，如"它的颜色是什么？数量有多少？有多重"等，要像之前詹姆斯和他父亲的例子中那样示范探索的过程，对儿童的行为予以肯定。此外，问一些开放式问题更有利于扩展学习，例如"你能告诉我你拿着它时是什么感觉吗"或者诸如"我喜欢那种温暖的感觉，你觉得怎么样"，以及"我想知道如果把它放在最顶端会发生什么"等（Siraj-Blatchford & Manni，2008），而过度使用封闭式问题可能会关闭探索和游戏的可能性。另外，知道何时退后一步，让儿童能独自探索也很重要。

　　从这些早期探索和游戏性互动中，婴儿开始建立一系列经验和图式，以此来认识周围的世界。尽管关于婴儿开始出现心理表征的时间尚没有确切的研究定论，但可以肯定5个月左右的婴儿已经具备这种能力。我们称之为"客体永久性"（object permanence），或简单地说，就是能记住已经消失在眼前的事物的能力。这种在我们头脑中储存表象的能力是人类独有的。想象一下，如果我们不具备这种能力会怎么样？显然，没有这种强大的记忆能力或心理表征能力是你根本无法想象的。表象记忆与识别某些在场的事物是截然不同的。这些心理表征使儿童能够记住并回忆熟悉的人或事物的表象，即使他们不在场。如果没有这种能力，儿童将无法进行模仿和假装游戏。然而，在生命的第二年，另一种能力的发展使儿童能够超越心理表征，转向更复杂的社会想象活动。这就是心理理论①。

3.7   在游戏中发展心理理论

心理理论，即知道其他人和你有不同的想法。它是人类一种至关重要的技能，与儿童参与游戏，特别是模仿游戏的能力相关。正如我们在罗珊和咖啡馆的例子中看到的那样，扮演角色，表现出他人的思想和感情，商讨角色扮演情节都要求儿童理解他人不同于自己的观点和经验。因此，共同的假装游戏可能是心理理论发展和巩固的一个重要推动因素（Dunn，2004）。据我们所知，处于生命第一年的婴儿不会进行假装游戏（Gopnik et al.，1999）。在生命的第二年，我们看到幼儿有模仿行为和早期假装游戏的出现。例如，在18个月时，劳拉（Laura）通过用梳子梳头的行为来模仿她的母亲。在24个月时，劳拉和她4岁的姐姐卡拉一起玩"妈妈和孩子"的游戏。劳拉用在玩具箱里找到的木块假装梳她的头发。这表明，她可以用一种东西代替另一种东西，这是"符号思维"（symbolic thought）发展中的一项重要技能，为以后各领域的学习奠定了基础。假装游戏在之后的几年内迅速发展，并且变得越来越精细化和多样化。在3~5岁，我们看到假装游戏的性质和质量发生了重大变化，因为儿童开始为自己和他人分配不同的角色，他们的游戏表现出越来越多的社交性和复杂性。

---

① 心理理论，最早由普雷马克（Premack）和沃道夫（Woodruff）于1978年提出，指一套可以用来预测他人行为的推理系统。之所以称为心理理论，是因为他们认为人的心理知识是由相互联系的一系列心理因果关系而组成的一贯的知识体系，可以根据这个知识体系对人的行为进行预测和解释，而这个知识体系就像科学理论一样，有其产生、发展和成熟的过程。儿童心理理论的研究一般考察的是儿童关于最基本的心理状态的知识——愿望、感知、观点、意图和情绪等。——译者注

游戏与探索对个体发展的一些关键作用表现

- 游戏帮助儿童发展自我感知和对周围世界的感受，并且与心理理论的发展有关；
- 通过游戏性互动和探索，婴幼儿开始建构自己的心理结构，将自己与其他人分开；
- 幼儿的自我意识会受他人反馈的影响而增强或减弱；
- 客体永久性和心理理论对于想象力、游戏和问题解决能力的发展至关重要；
- 24个月至5岁儿童参加的社会性假装游戏比任何其他类型的游戏都要多；
- 儿童之间的社会性假装游戏可以发展社交能力、沟通能力和智力；
- 能超越此时此地，区分信念与假想的能力是人类特有的；
- 3~5岁的儿童在所有游戏类型中更喜欢玩假装游戏；
- 从大约4岁开始，儿童开始分配与承担角色；
- 3~5岁的儿童有强烈的意愿自己生成游戏主题。

户外游戏，规则与冒险

这是萨比娜（Sabina）在托儿所的第一天。她穿着漂亮的天鹅绒连衣裙，配了一双拖鞋。她妈妈和她一起来帮助她适应新环境。她们一起到了户外区域，看到一群孩子正围着一个巨大的"水坑"玩耍，水管里流出来的水已经溢出了水坑。一个孩子正将罐子里把水倒进水坑里，另一个孩子则在抽水，还有一个孩子穿着惠灵顿靴子，一边跨过水坑看水花飞溅一边笑着。幼儿园教师正轻轻地与孩子们谈论他们在做什么。穿着天鹅绒拖鞋的萨比娜看了一会儿，也高兴地跑着穿过水坑。

这个简短的片段中有趣的是成人的反应。我们可能以为萨比娜的母亲或教师会试图阻止她或大声叫住她甚至谴责她。相反，教师平静地建议萨比娜如果想玩水，可以去找一双靴子。拖鞋湿了会变干，而那个时刻的体验无疑是更重要的。对混乱、安全和噪声的优先关注让我们经常会去限制儿童的探索。但这样做的时候，我们实际上并没有在鼓励儿童去"发起行动"（Early Education，2012）。

　　户外活动具有很多室内活动不具备的特点，也提供了不同的学习机会。特别是它为儿童提供了更多的自由空间，儿童可以更为主动、热闹地去探索。户外活动除了对儿童的身体发育有明显的益处外，还为儿童提供了一系列多感官和直接的体验，例如，感受天气和相应的温度变化，直接接触环境，感受自然材料（如草、冰、土、水和木头等）的材质与气味，就像萨比娜的例子一样。长满草的水边、花园、墙壁、围栏和柏油碎石路面为儿童提供了一个迷你的自然环境，可以去探索不同材料的特征。当儿童玩耍时，一个小草坡或一些灌木可以变成山脉和森林（Rogers & Evans，2008）。像大盒子、帘子和大型建筑材料等开放性材料鼓励儿童创造出一个想象的世界以及其中发生的复杂故事。《法定框架》提出户外教育与室内教育具有同等的价值，并且在可能的情况下，儿童应该能够在两种环境之间自由地移动，我们称之为"自由流动"（free flow）的游戏。这种游戏使儿童能够将室内和室外学习的元素结合起来，以创造性和创新性的方式混合使用资源，并以此培养他们的位置和空间概念。可以通过一些开放式、具有提示性（而非过度规范）的道具和材料来鼓励儿童的创造与探索。在空间、噪声容忍度和材料方面，教室可能存在明显的局限性，而户外环境允许儿童更大范围地玩耍并探索更广泛的材料。

　　本章中关于游戏与探索的大部分内容都适用于户外环境，尤其是需要成人在尊重儿童主体性的前提下与儿童进行游戏性互动，来提升儿童的自信心和愉悦感。但是户外空间本身也存在一些挑战。游戏与探索本身就意味着儿童要冒一定的风险，接受一些身体、社会与认知方面的挑战，这在户外环境中尤为明显。对于成人来说，管理也具有挑战性，教师对于能在多大程度上让儿童去探索和"越界"也会难以抉择。某些类型的游戏对成人来讲也可能是一种挑战，特别是在受到严格监管的教室中。这就是为什么我们在室内、室外看到成人对物理环境和嘈杂的容忍度时会有所不同的原因（Waite et al.，2011）。随着儿童的发展，他们会从依赖成人、被成人管理转变为独立和自我管理。吉尔（Gill，2006）提出有越来越多的证据都表明在发达的西方世界，监管、规避风险的方法越来越多，这严重限制了儿童练习判断什么是风险、什么是危险这项重要技能的机会。维特等人（Waite et al.，2011）在最近的研究中发现，早期教育机构中的成人可能会夸大对幼儿构成风险的因素，这源于他们对潜在威胁情况、对群体内可能存在的紊乱以及对监护人责任的一种自身焦虑。显然，成人持有的观点将极大地影响他们在多大程度上允许儿童对环境的探索。事实上，一些研究证实，儿童承担风险的机会在很大程度上取决于成年人对风险的看法（Stephenson，2003；Waters & Begley，2007；Waite et al.，2011）。一项关于澳大利亚和挪威教育实践者对游戏风险信念的研究（Little et al.，2012）表明，两国教师对风险的益处和风险的理解方式有共同点，在实践中对如何规避风险方面存在显著差异。结果也许并不意外，澳大利亚教育工作者感受到了更多来自管理与教学环境的限制。相比之下，挪威的管理环境为实践者提供了更大的灵活性，允许他们根据自己的专业判断来管理儿童的冒险行为。

对于一些教师来说，教学方式的挑战可能源于他们个人对户外的态度。一些教师认为户外的体验是令人不悦的，因为户外有恶劣的天气条件以及打斗的、危险的和喧闹的游戏状态。教师对男孩与女孩参与户外游戏的态度也可能有差异，相比于女孩，男孩的打斗游戏更易于被接受和鼓励（Tovey，2010）。教师可能会认为女孩在户外需要更多的保护，以避免意外事故、恶劣天气和陌生人等潜在威胁。维特等人（Waite et al.，2011）在早期基础阶段和一年级开展的户外学习研究发现，在户外环境中教师与儿童互动的主要内容是警告或限制儿童的活动，以此来规避风险。在这种情况下，我们如何确保儿童有充分的机会承担风险并最大限度地发挥户外学习环境的作用呢？

托维（Tovey，2010）认为，我们不应该强调风险评估，而是需要将风险作为游戏教学的重要组成部分。这与本章中一再强调的观点一致，那就是儿童需要时间、空间和开放的资源来参与有一定冒险性的户外游戏，这样风险就不会成为教师设计户外游戏时首先要关注的焦点。《法定框架》中关于游戏与探索的内容强调儿童应该有机会：

- 发起行动；
- 主动寻求挑战；
- 表现出"我能行"的态度；
- 冒险，尝试新的活动，试误学习。

户外空间为儿童提供了探索和测试其能力的自由，且往往会带来超出我们预期的结果。但要实现这一目标，需要成人享受户外活动并了解其带来的广泛益处。

3.8　重视儿童的游戏与探索

本章强调了与婴幼儿建立游戏性关系的重要性：帮助儿童建立积极的学习感受，鼓励他们带着更多的自主性、自信心和自我价值感来探索世界。在儿童接近早期基础阶段尾声时，"入学准备"（school readiness）变得更加紧迫，使人们很容易将游戏工具化，将其作为课程实施的途径并评估儿童通过课程所获得的概念、技能和知识。这可能意味着我们在早期教育机构看到的自由流动、灵活的游戏类型（如儿童有更长的时间来选择游戏伙伴、材料和空间）会越来越多地被更正式的学习活动（如语音教学或和成人一起阅读）所打断。以下实例是在学前班课堂中观察到的。

> 克里斯、汉娜和莫里正在"医院"玩耍。在莫里的一番劝说之后，克里斯同意躺下当"病人"。此时，一名教师过来让他去换一本书。
>
> 莫里：他去换书了，这里就没有病人了。
>
> 克里斯显然不愿意离开角色扮演区，犹豫不决。然后他服从了教师的要求。他一边读书给老师听，一边重新移动到了角色扮演区的边缘，一只脚在角色扮演区，另一只脚在外面，在"平衡"两个任务。
>
> 芮娅走向医院，克里斯因为非常想继续游戏，立刻对芮娅说："你不能去那里，因为我是病人！"
>
> 在克里斯回来的时候，莫里被叫去做另一项活动，她对芮娅说："我要离开一下，不要让任何人进来。"
>
> 接着汉娜被叫去做她的作业。当她离开时，她对芮娅说："不要让其他人进来。"伊莱扎到了该区域，坐在电脑前。芮娅遵照和汉娜的约定，说："伊莱扎，你不能去那里，因为汉娜正在玩。"

这一段短情境中有许多中断，意味着儿童真正花在角色情节上的时间很少。从表面上看，这个教室里的教学是基于游戏的。然而，进一步的观察表明，这里的教学强调"入学准备"和教师主导的活动。这个例子中的游戏似乎只是为了完成流程而没有被视为儿童学习的重要场景。《法定框架》讲得很清楚，学前班的教师需要和早期教育机构的教师一样"确保儿童有不被干扰的游戏与探索时间"。

从早期基础阶段到一年级的过渡对儿童和教师而言都可能是一种挑战，因为儿童需要从积极的学习模式转变为被动的学习模式，从儿童主导的学习模式转变为成人主导的学习模式。许多幼儿期待着上小学以及身份的变化。有些幼儿已经为被动的学习做好准备，其他幼儿还需要时间来适应新的工作和学习方式。进入小学不应该是游戏与探索的结束，但是在课堂上不可避免地会比在幼儿园中的自由活动机会更少。理想情况下，一年级教室应继续为儿童提供主动的、游戏化和探索性的活动体验，并允许儿童定期进行户外活动。这种方法将有助于儿童顺利适应这个过渡期，并使儿童能够基于早期基础阶段建立的坚实基础而继续发展。我在这里提出几点建议作为本章的结语以供读者思考。从出生开始，游戏与探索就对儿童的发展至关重要。我想可能很少有人会质疑这种观点。但是，面对游戏与探索可能伴随的混乱、嘈杂和潜在风险，我们该怎么应对这种挑战，更好地支持儿童呢？有时它意味着把我们个人的态度和假设放在一边，把焦点转移到重要的东西上——就像萨比娜和天鹅绒拖鞋的例子一样。支持幼儿游戏与探索的教学实践意味着：

- 真正让儿童去选择他们在哪里、与谁、做什么以及如何游戏；
- 提供灵活的空间（室内和室外）和不被干扰的游戏时间，儿童可以在与成人及同伴的互动中重构自己的观念；
- 接受和跟随儿童的想法；
- 通过游戏性互动、共同建构、询问和协商、观察和反馈等方式让儿童知道我们对他们的游戏感兴趣；
- 增加自己的学识，为支持儿童的游戏与探索发声。

参考文献

[1] Arredondo, D. and Edwards, L. P. (2000) Attachment, bonding and reciprocal connectedness, *Journal for the Center for Families*, *Children and the Courts*, 1: 109-127.

[2] Athey, C. (1990) *Extending Thought in Young Children*. London: Paul Chapman.

［3］Bornstein, M. , Haynes, M. , Watson, A. and Painter, K. , (1996) Solitary and collaborative pretense play in early childhood: sources of individual variation in the development of representational competence, *Child Development*, 67(6): 2910-2929.

［4］Bowlby, J. (1969) *Attachment and Loss.* Vol. 1: Attachment. New York: Basic Books.

［5］Brown, S. (2009) *Play: How it Shapes the Brain, Opens the Imagination and Invigorates the Soul.* New York: Penguin.

［6］Campbell, S. (2002) *Behaviour Problems in Pre-school Children: Clinical and Developmental Issues.* New York: Guilford Press.

［7］Carpendale, J. and Lewis, C. (2006) *How Children Develop Social Understanding.* Oxford: Wiley-Blackwell.

［8］DfE (Department for Education) (2012) *Statutory Framework for the Early Years Foundation Stage: Setting the Standards for Learning, Development and Care for Children from Birth to Five.* www. foundationyears. org. uk/ early-years-foundation-stage-2012/or http://www. education. gov. uk/aboutdfe/statutory/g00213120/eyfs-statutory-framework(accessed 1 January 2013).

［9］Dowling, M. (2006) *Supporting Young Children's Sustained Shared Thinking: Training Materials.* London: Early Education (The British Association for Early Childhood Education).

［10］Dunn, J. (2004) *Children's Friendships: The Beginnings of Intimacy.* Oxford: Wiley-Blackwell.

［11］Early Education (2012) *Development Matters in the Early Years Foundation Stage.* London: Early Education. www. early-education. org. uk and for download at www. foundationyears. org. uk/early-years-foundation-stage-2012/ (accessed 20 December 2012).

［12］Edwards, A. (2001) Researching pedagogy: a sociocultural agenda, *Pedagogy, Culture and Society*, 9 (2): 161-186.

［13］Gill, R. (2006) *The Theory and Practice of Leadership.* London: Sage.

［14］Goldschmied, E. (1987) *Infants at Work.* VHS video. London: National Children's Bureau.

［15］Goncu, A. , and Gaskins, S. (eds) (2007) *Play and Development: Evolutionary, Socio-cultural and Functional Perspectives.* Mahwah, NJ: Lawrence Erlbaum Associates.

［16］Gopnik, A. , Meltzoff, A. and Kuhl, P. (1999) *How Babies Think.* London: Weidenfeld and Nicolson.

［17］Hughes, B. (1996) *A Playworker's Taxonomy of Play Types.* London: Playlink.

［18］Hutt S. , Hutt, C. , Tyler, S. and Christopherson, H. (1989) *Play, Exploration and Learning: A Natural History of the Pre-school.* London: Routledge.

［19］Laevers, F. (1993) Deep-level learning, an exemplary application on the area of physical knowledge, *European Early Childhood Education Research Journal*, 1(1): 53-68.

［20］Little, H. , Sandseter, E. and Wyver, A. (2012) Early childhood teachers' beliefs about children's risky play in Australia and Norway, *Contemporary Issues in Early Childhood*, 13(4): 300-316.

［21］Parker-Rees, R. (2007) Liking to be liked: imitation, familiarity and pedagogy in the first years of life,

Early Years, 27（1）：3-17.

［22］Piaget, J. （1978） *The Development of Thought*. Oxford：Blackwell.

［23］Rogers, S. （2010） Powerful pedagogies and playful resistance：researching children's perspectives, in E. Brooker and S. Edwards（eds） *Engaging Play*. Maidenhead：Open University Press.

［24］Rogers, S. and Evans, J. （2008） *Inside Role-play in Early Education*. London：Routledge.

［25］Rose, J. and Rogers, S. （2012） *Adult Roles in the Early Years*. Maidenhead：Open University Press.

［26］Roulstone, S., Law, J., Rush, R., Clegg, J. and Peters, T. （2011） *Investigating the Role of Language in Children's Early Educational Outcomes*, DFE Research Report DFE-RR134. http//www. education. gov. uk/ publications/eOrderingDownload/DFE-RR134. pdf（accessed December 2012）.

［27］Shore, C. （1998） Play and language：individual differences as evidence of development and style, in D. Fromberg and D. Bergen（eds） Play from Birth to Twelve：Contexts, Perspectives and Meanings. New York：Garland Publishing.

［28］Siraj-Blatchford, I. and Manni, L. （2008） "Would you like to tidy up now?" An analysis of adult questioning in the English Foundation Stage, *Early Years*, 28（1）：5-22.

［29］Smith, P. K. （2010） *Children and Play*. Oxford：Wiley-Blackwell.

［30］Stephenson, A. （2003） Physical risk-taking："dangerous or endangered?" Early Years, 23（1）：35- 43.

［31］Tovey, H. （2010） Playing on the edge：perceptions of risk and danger in outdoor play, in P. Broadhead, J. Howard and E. Wood（eds） *Play and Learning in the Early Years*. London：Sage.

［32］Underdown, A. （2007） *Young Children's Health and Well-being*. Maidenhead：Open University Press.

［33］Vygtosky, L. （1978） *Mind in Society：The Development of Higher Psychological Processes*. Cambridge, MA：Harvard University Press.

［34］Waite, S., Rogers, S. and Evans, J. （2011） A time of change：outdoor learning and pedagogies of transition between Foundation Stage and Year 1, in S. Waite（ed.） *Children Learning Outside the Classroom*. London：Sage.

［35］Waters, J. and Begley, S. （2007） Supporting the development of risk-taking behaviours in the early years：an exploratory study, *Education 3-13*, 35（4）：365-377.

第四章

主动学习

南希·斯图尔特/**文**

王兴华/**译**

4.1　概　述

　　最有效的学习需要儿童的持续投入。儿童的学习通常发生在与成人和环境的互动过程中，有些时候儿童可能没有意识到自己是在学习，但这不能说明儿童是被动的、无意识的知识接收者。在实践中提高儿童早期学习有效性的关键是让儿童成为学习的主人，让他们愿意主动地在学习过程中付出心理与身体上的努力。

　　成人确实能为儿童的学习提供支持，但却不能替代儿童的学习。本章的内容就是关于儿童是如何"主动学习"的。过去认为"学习是简单的从教师到学生的信息传递过程"的学习观已经逐渐被摒弃。取而代之的是学习的"社会建构理论"（social constructivist theory），认为教师或其他人只能把儿童"领进门"，学习的过程则需要儿童自己主动建构新旧经验之间的联系。建构的结果可能是获得新的概念，也可能是调整了已有的概念，这样的学习才是对儿童有意义的学习。

　　主动学习绝不仅指儿童身体的参与。当然，身体参与是幼儿学习的基本方式，他们通过积极探索周围的世界来获取信息、扩展能力、发展思维，并且变得越来越独立。"主动学习"这一概念有时候也确实指儿童的身体参与，比如强调做中学，强调提供具体、可操作的材料帮助儿童获得直接的而不是被动、抽象的经验。然而，在《法定框架》下，身体参与被更为明确地归入"游戏与探索"这一维度下。

儿童通过动作与感知觉获得直接经验是早期学习与发展的基本形式，但这远远不够！早期基础阶段有效学习的三个特征是"有准备的、有毅力的和有能力的"。通过游戏与探索获得的经验是学习的"素材"，有了这些素材儿童就为学习做好了准备。除此之外，儿童还需要有学习的毅力（主动学习）和能力（创造性与批判性思维）。

"动手"（hands-on）"不动脑"（brains-off）的现象并不少见。比如，报纸上曾报道过在一个刚刚开放的互动博物馆里儿童如何使用按钮和闪光灯标的例子："儿童在博物馆里穿梭，他们看到一个按钮就按下去，然后再接着去按下一个，甚至没有稍做停留关注一下发生了什么。儿童在这个博物馆里获得的只是按按钮的经验，并没有真正的互动学习。"（Hall，1995）当儿童忙于从一个活动切换到另一个活动时，学习的机会是很有限的。他们可能只是在很活跃地完成重复性或常规性的活动，而没有真正的探索或思考。

丽莲·凯茨（Lilian Katz，2000，p. 394）很清晰地表述了表面参与和高质量参与之间的区别：

> 当心！不要把兴奋、娱乐的活动当成教育活动。兴奋是特定情境或娱乐活动中表现出来的短暂满足——来得快、去得快。教育则常常是在常规活动中发生的，需要持续的努力与投入，带来的满足感也是长期的、深度的。

要获得好的学习效果，需要的不是浅层的参与，而是持续投入与专注，在活动面临困难或没有达到预期效果的时候，需要不断地努力与坚持，主动参与需要目标驱动。儿童有提高能力或获得知识的需求时，更可能主动参与。本章要谈的主动学习并不是身体参与，而是学习的动机，儿童有意愿更主动地投入努力和精力在学习过程中。

4.2　动　机

动机是激发并维持学习兴趣与投入以达成学习目标的驱动力。玛莎·布朗森（Martha Bronson，2000，p. 5）解释了为什么动机对于自主学习者很重要：

> 只有有了动机，我们才会发起并维持一些特定的身体、社会或认知活动。动机不仅提供了行为的方向或目标，而且还提供了持续努力的力量。动机是自我控制的核心，不管主动控制发生在什么情境中，背后都有动机的作用。

儿童有达成目标的强烈意愿，不仅有助于他们在学业和其他方面获得成就，而且也会对个体的一生产生深远的影响。当然，这种动机不会停留在一个固定的水平上，我们对某些事情会有更强的动机，而且随着年龄的增长，我们会越来越清楚自己的目标，动机会有更明确的指向性。动机的目标导向在童年早期就开始发展了，童年早期形成的态度与思维习惯会持续影响个体后续做事情的方式。童年的动机能够预测成人后的动机与成就。尽管在不同领域之间会有差异，但还是存在一个一般的动机水平（Lai，2011，p. 14）。或许正是这种一般的动机水平决定了我们在家、在学校或在社会交往中都会采取一种相对稳定的行为方式（Grolnich et al.，1999，pp. 3-14）。

早期教育工作者认识到儿童动机的重要性之后，或许就会关心在实践中如何识别儿童的主动学习，以及自己可以如何保护并支持儿童与生俱来的学习动机。如果教师把帮助儿童成为有效的学习者作为教育目标，就能更清楚地知道为什么、是否应该、什么时候以及如何介入儿童的学习、与儿童互动。

4.3　动机的来源

儿童在出生后的第一年对学习表现出来的努力与毅力，是后续任何一个生命阶段都无法企及的。从最初面对这个由时间、空间、物体和他人构成的世界的无助，到儿童逼迫自己不断尝试、练习、掌握动作技巧、与他人交流、理解周围都是什么以及如何运作。是什么在推动他们的学习呢？我们应该如何帮助儿童保持这种天生的学习动力，而不是传递一些消极的信息让儿童丧失学习能力呢？

自我决定理论提出人类有三种先天的内在心理需求，分别是对能力感的需求、对自主的需求和对与他人关系的需求。这三种内在需求是动机的根源（Deci & Ryan，1985）。

不难发现，对能力感的需求推动婴儿不断习得新技能、建构新知识，也推动个体在后续各个阶段敢于迎接新挑战，鞭策自己不断学习。成人提供丰富的环境刺激与人际关系刺激，能够支持儿童获得能力感，不断自我突破。

简单来说，自主需求就是自己做决定的控制感，它让我们觉得自己是生活的主人而不是被动地接受生活。儿童越是能认识到自己可以做选择、可以带来某些改变，他们就越有可能在将来的生活中寻求这样的机会，满足自主需求。儿童在婴儿时期发现自己晃动手臂玩具就会跟着移动，知道自己发出声音就会得到成人的回应；稍大一些后可以自己选择玩什么、怎么玩。这样一步一步儿童就会知道自己在学习中有主动权，同时能避免习得性无助，即缺少自主的经验导致儿童认为自己什么都改变不了。

对温暖、关爱的关系的需求是人类的基本需求。依恋理论认为该需求是否得到满足会影响个体的情绪，也会影响学习与发展。情感需求得到满足可以让儿童有足够的安全感去探索、去冒险，遇到挫折时能表现出情绪复原力。关系需求也可以说是一种对归属感的需求，可以引发个体参与社会交往的动机，有助于知识的社会建构，也会帮助个体在小组中不仅关注自己的目标达成，同时关注他人的目标达成。

满足个体内在心理需求的愿望是内生的，可以看作动机的内部来源，生成的动机是"内部动机"（intrinsic motivation）。内部动机也有其他的来源，比如兴趣、好奇、在活动过程中的愉悦体验等。德西和赖安认为，只有在能力、自主权、关联性这些基本需求得到满足的条件下，好奇心和愉悦体验等因素才能引发内部动机。反之，内在需求没有得到满足的情况下，兴趣自身无法维持内在动机。可以把对能力、自主权和关联性的需求看作心理发展的基本养分，就好比食物是身体发展与生命的养分一样。我们只有解决了温饱才会去发展兴趣，在饥饿的状态下可能除了食物对什么都会失去兴趣。他们对内部动机驱动的行为的定义是"出于兴趣而不是对行为结果的追求的行为，维持该行为需要满足自主需求与对能力感的需求"（Deci & Ryan，2000，p.233）。

内部动机追求的是行为本身能够满足个体的内在需求。与之相反，"外部动机"（extrinsic motivation）则追求的是行为带来的外在结果。行为主义理论（behaviourist theory）认为个体的学习与发展主要受外在因素的影响。这些外在因素被描述为"正强化"（positive reinforcements）或"负强化"（negative reinforcements），得到强化的行为更有可能保持下来。正强化指行为带来积极的结果（如婴儿笑的时候引起成人的积极关注），负强化指行为终止了消极事件的发生（如婴儿哭了之后，父母不再把他单独放在小床上）。这些强化物是行为的自然结果，不同于我们常说的奖励或惩罚，后者更多是由他人设定而非行为的自然后果。

儿童确实可以通过强化习得一些行为，强化理论也可以用于行为管理，以帮助儿童获得一些好的行为习惯。但是本质上来讲，强化是一种消极的儿童学习与发展观——儿童只需要关注行为和结果之间的关系，被动地接受他们所能获得的强化。这不足以解释儿童早期学习的丰富性。

动机的来源同时包含上述提到的内部动机和外部动机，但对于儿童的自主学习来讲内部动机是更有效的。内部动机与更高的学业成绩、更敢于迎接冒险、更好的学习投入、使用更有效的学习策略、更具有坚持性、更深入地理解复杂情况等有关。当个体受外部动机驱动学习时，他的目标不是学习本身，而是与学习无必然联系的奖励。这个时候，他对学习没有兴趣与好奇，没有持续的投入，在过程中也无法获得喜悦。在这样的学习中，儿童没必要去挖掘自己全部的潜能，只要表现得刚刚好，能得到奖励就够了。"内部动机是学习与成就的源泉，教育者要重视这一点，因为教师与父母的行为可以系统地促进或削弱儿童的内部动机。"（Ryan & Stiller，1991，pp.115-149）只有保护了儿童学习的动力源泉，早期教育实践才有可能支持儿童成为自主学习者。

4.4　目标定向——掌握还是表现

动机并不是一种弥散的情感，而是有一定的目标指向的。学习的目标是什么会对儿童在学习过程中的表现产生重要影响。研究者提出有两种基本的目标定向会影响学习过程和效果："掌握目标"（mastery goals）和"表现目标"（performance goals）①。掌握目标有时候也叫作"学习目标"（learning goals），因为个体的目标是最大程度接近自己的能力极限。成功感来自个人提高的过程。目标则是指个体关注自己的能力是否达到一个外在的标准，成功感来自达到标准这一结果。从某种意义上来说，掌握目标永远不可能达成，因为学习永无止境，掌握目标是长期的，驱动个体不断学习。表现目标则是短期的，有时候甚至不需要过多努力就能达到——表现得"够好"就可以了，不需要突破自我。持有表现目标的个体更倾向于选择容易的任务以获得好的表现，而不愿意尝试有挑战的任务，因为要规避可能失败的风险。

掌握目标还有许多的优势。掌握目标定向的个体会更关注任务本身；而持有表现目标的人更关注自我形象，会分心去和他人做比较。掌握目标定向的个体会更投入当下的活动，使用深度加工策略来主导自己的学习；持有表现目标的个体在任务中的投入可能是表浅的。持有掌握目标的个体遇到困难时更有可能坚持，把失败归因于不够努力，然后更努力地去学习（Ames & Archer，1988，pp. 260-267）；而表现目标定向的个体不太容易坚持，因为他们倾向于把失败归因于能力不足，从而认为任何努力都是无用的（Dweck & Leggett，1988，pp. 256-273）。

有趣的是，掌握目标定向的个体更愿意与他人合作。同伴间的合作、观点的分享有利于知识与理解的建构，是儿童学习的重要方面。合作的能力对成人的职业成就也很关键，是雇主们都看重的一个品质。掌握目标定向的个体经常与人分享自己的观点，与他人合作，因为他们更希望能在过程中学到东西。表现目标定向的人则更愿意与人竞争，想要证明自己是对的，证明自己比别人更有能力，所以他们不乐意与人分享自己的观点（Darnon et al.，2006）。

目标定向与内、外部动机之间的关系显而易见：内部动机追求能力的提高，有助于达成掌握目标；外部动机追求排名、分数或表扬，指向表现目标。

---

① 20世纪80年代德威克及其同事提出成就目标理念，成就目标是个体从事与成就有关的行为的理由和目的。在最初的目标模型中，德威克提出两类目标——掌握目标和表现目标。掌握目标的目的是获得新知识或技能，也就是提高自身能力。表现目标的目的是证明自己的能力或避免被证明缺乏能力。——译者注

最新的一些研究都发现，相比于掌握目标定向，追求外在奖励的表现目标定向在本质上有局限性。鲁迪和尼伦伯格（Ruedy & Nirenberg，1990，p. 238）引用了庄子的话来描述两者之间的区别：

> **外重者内拙**
>
> 以瓦注者巧，
>
> 以钩注者惮，
>
> 以黄金注者殙。
>
> 其巧一也，
>
> 而有所矜，
>
> 则重外也。
>
> 凡外重者内拙。[①]

早期教育必须把儿童的学习能力作为目标，过多使用外部奖励、关注学习结果而非过程会破坏儿童学习的内在动力。

4.5　成长型与固定型思维方式

德威克（Dweck，2006）提出了"成长型思维方式"（growth mindset）的概念来描述影响儿童学习动机与学习能力发展的信念或态度。她通过研究幼儿（最小的4岁）发现智力和能力不是固定不变的，随着努力和练习，智力与能力可以得到提高。具有成长型思维方式的个体更倾向于运用掌握目标定向，把挑战作为发展的机遇，面对困难时愿意付出更多努力或者调整策略。

"固定型思维方式"（fixed mindset）则是指个体认为智力和能力是固定的、不可改变的。在某件事情上成功说明刚好擅长做这件事，在某件事情上失败则说明他们没有这方面的能力或天分。具有固定型思维方式的个体更喜欢重复没有挑战的工作，因为去做有难度、有挑战的事情只会证明自己缺少这方面的能

---

① 该文大意为：当一个人用瓦做赌注时，技艺可以发挥得相当好；而用钩之类价值较大的东西下注时，就会缩手缩脚了；一旦改用黄金做赌注，则大失水准。技巧本身没有变，只是因为有所顾忌了，对外物看得过重，内心反而变笨拙。——译者注

力，这只会让人沮丧。他们遇到困难和挑战的时候会有无助感，因为他们认为自己什么都改变不了。这种不能自主又无能为力的感觉足够让固定型思维方式的人错失很多潜在的学习机会。

两种不同的思维方式是怎么来的呢？德威克和她的同事们发现成人传递给儿童的"微妙信息"（subtle message）会影响儿童持有成长型还是固定型思维方式。在他们的实验中，先给儿童一个相对简单的拼图任务，完成任务后表扬幼儿的努力（也就是说，他们自己是完成任务的关键），之后发现这些儿童表现出成长型思维方式：他们在更难的拼图任务中认为自己需要更努力，他们也愿意挑战有难度的拼图。但是当儿童因为能力而获得赞赏（"你真的很擅长玩拼图"——完成拼图跟儿童自身没有多大关系，只是他们碰巧具备这种能力），之后发现他们会表现出固定型思维方式，因为无法完成更难的拼图而认为自己还是不擅长拼图。他们不愿意挑战有难度的拼图，而是继续选择自己能成功完成的难度较低的拼图任务。德威克发现4岁的幼儿已经表现出思维方式的个体差异，并且1~3岁期间母亲的表扬方式与5年后儿童的思维方式有关。

早期基础阶段有效学习特点中的"主动学习"包括三个子维度：

- 持续的投入与专注；
- 不断尝试；
- 享受目标达成后的成就感。

这几个方面都说明儿童的动机对学习的影响，每个方面都可以通过成人的有效互动以及环境的支持得到提高。

4.6 持续的投入与专注

儿童对某事或某种现象感兴趣可能出于不同的原因：可能只是因为新异刺激引起了关注，简单的探索之后兴趣就得到了满足；或者可能是事物本身很有趣，比如让儿童觉得充分发挥了自己的身体运动能力，或物体带来的感知体验令人愉悦，或喜欢和同伴一起玩的过程等；也有可能是重复熟悉的活动让儿童更有安全感和自信心。

这种浅层的兴趣不一定对增进儿童的理解与认知有帮助。深度学习要求学习者从不同角度去加工自己的经验，建立已有经验与新经验之间的联系，并将经验迁移到新的情境。投入与专注指的就是持续的注意与努力投入。

注意力的集中与发展

人们经常认为婴儿和年幼的儿童无法集中注意力，但是事实并非如此。即使很小的婴儿也会有某种程度的专注与持续的关注，他们面对自己喜欢的物体可能会成为一个安静的观察者。然而，注意力也确实在发展，随着神经系统的成熟儿童能更有目的地集中注意力，更好地控制自己的注意力。

受外界刺激干扰时婴儿很快就会出现分心，比如婴儿在关注一个自己感兴趣的物体时，如果跟他讲话他可能会马上停止对物体的关注。慢慢地，儿童开始发展出抗干扰的能力，但一段时间内只能注意一件事情，还无法有意识地地转移自己的注意力。再之后儿童能够同时关注一个以上的物体，最后能够有意识、有目的地集中注意一段时间，尽管注意对象不一定那么有吸引力。

儿童专注于自己感兴趣的事物的能力发展，要远远早于他们能有意识地按他人要求来关注某事物，所以对于早期学习而言，让儿童自己选择学习的内容他们会更有学习的意愿。

学习投入

学习投入源于好奇心，因为好奇心会引发个体对新事物深入探索与理解的兴趣。皮亚杰关于同化与顺应（assimilation and accommodation）的理论认为，认知发展在接收新信息的过程中可能会遭遇与原有心理结构不相匹配的情况，如我们当下关于是什么和怎么样的假设。这种"认知失调"（cognitive dissonance）是不舒适的，所以会促使我们不断寻求新的信息来解决这种冲突。解决的途径是看我们最终能否把新信息纳入已有的认知结构，或者看我们是否能调整已有的认知结构来适应新信息。从好奇心到学习投入，儿童一方面要对新信息保持开放的态度，另一方面也要相信新的信息是可理解的。换句话说，他们需要有明确的掌握目标定向。

拉弗斯（Ferre Laevers）编制的《勒文投入量表》（*Leuven scale for involvement*）可以观察儿童在活动中的投入水平。他认为深度投入对于儿童的学习而言非常重要，"支持儿童探索的动力对终身学习而言很关键……目的是鼓励深度学习，因为浅层学习对儿童的核心能力没有帮助，所学内容也很难迁移到真实生活情境中去"（Laevers，1993，pp. 53-68）。学习投入可以作为衡量个体心理活动的指标，能看出是否真的有学习发生。拉弗斯发现可以通过下列指标观察儿童的学习投入情况：专注度、活跃度、创造性、面部表情与姿势、坚持性、正确率、反应时间、语言以及对学习的满意度。这些指标适用于任何年龄儿童的任何活动，每一项指标又可以分成从非常低到非常高五个水平。该量表既可以用于了解、反思一个班级的教育实践，也可以用于鉴别发展滞后的个体并提供必要的帮助。

拉弗斯（Laevers，2005，p. 4）对学习投入作了如下描述：

> 很强的动机、对活动本身着迷、完全地投入、不计较收益……关键是投入过程中的满足感都来自内部：探索的动力、更好地理解客观事实、对人或物的内在兴趣、解决问题获得体验的需求。

投入与米哈伊·契克森米哈伊（Mihalyi Csikszentmihalyi，2000）提出的"心流"的概念类似，指的是成人的一种高峰体验状态。在心流中，个体全身心地投入，感受深度的专注力与愉悦感，目标与过程都变得清晰，不惧怕失败，有控制感，对当下所做事情的本身而不是结果感兴趣。在工作、教育、体育等活动中，心流常常伴随着突出的表现。心流同时意味着自主性，那些能掌握事情的进度、专注于内在动力而非外部要求的人更容易体验到心流。心流还意味着个体的掌握目标定向，学习过程伴随着好奇心、兴趣、激动、专注、吸收、挑战、主动寻求并解决难题。心流意味着迎接挑战、享受过程，但外部压力或奖励会破坏心流。研究发现，成人体验心流的动机是相对稳定的（Baumann & Scheffer，2010），因此在儿童阶段培养这种品质会带来长期、深远的影响。

健　康

拉弗斯的《勒文投入量表》描述的是个体的投入水平，其健康量表则从另一个角度作为补充，力求对儿童的学习有一个全面的了解。同时使用两个量表就可以发现情绪健康与身体健康都是学习的必要条件。拉弗斯（Laevers，2005，p.4）作了如下解释：

> 首先我们应该考察的是儿童在多大程度上感到放松，主动发起活动，有活力且自信。这些指标都可以说明儿童情绪健康，说明他们的身体需求、对关爱与情感的需求、对安全与确定性的需求、对社会认可的需求、对能力感的需求以及对生命意义与道德价值的需求得到了满足。

成人在儿童投入中所扮演的角色

《法定框架》提出的"支持的环境"与"积极的关系"可以作为我们理解成人角色的框架。高质量的实践最重要的就是提供一个支持儿童情绪健康的环境。关注每个儿童的需求，成人与儿童、儿童与儿童之间建立起温暖、稳定、回应性的关系是儿童学习投入的基础。

儿童自己做决定是投入水平的关键因素，因此我们要强调学习环境的重要性，为儿童提供做选择、主动发起行动的机会。儿童在这些自主的机会中可以选择、计划、主导自己的行动，这样才能关注到自己能力的极限，找到对自己适度的挑战。

尽管成人可以通过观察儿童的兴趣及现有发展水平来设计一些有明确教育目的的活动，但是成人设计的活动不可能同时吸引并适合班级中所有的儿童。与之相反，儿童发起的活动中每个儿童都能基于自身的兴趣、最大限度地满足自身的好奇心，同时也能满足对自主的需求。成人可以观察儿童真正感兴趣的是什么，通过环境创设为儿童提供进一步的挑战，让儿童在自发活动中有更深入的参与，获得对经验更深层次的理解。

支持的环境是在儿童自发的活动与教师主导的有计划的教育活动之间的平衡，它可以提供给儿童一段无干扰的时间和一个无干扰的空间，支持儿童去拓展自己的现有观念并获得深度理解。

儿童自发的活动并不意味着成人支持性互动的缺失。成人可以观察儿童的活动，在必要的时候提供多种方式的回应以支持儿童继续关注自己的活动，比如可以通过提供非指导性的建议帮助幼儿集中注意。研究者发现那些在游戏中更专注的婴儿，他们的母亲会经常通过非侵入性的方式介入：在他们分心时帮助他们重新将注意力放在游戏上，教给他们一些有效集中注意力的方法（Carlton & Winsler, 1998）。当幼儿深入参与并高度集中注意力时，敏感的成人会选择保护这样的时刻，不去干扰幼儿的专注性。

教师意识到自己的介入对儿童的学习很关键时，可能会觉得自己有责任保持与儿童的互动。然而，这可能是一种干扰而非支持。介入的前提是教师要对儿童的活动有自己的观察，然后要问自己介入是否会起到作用？会如何影响儿童的学习？最后再决定是否要介入儿童的活动。还有一种选择是在活动结束后，而不是在儿童高度集中注意力的时候介入，这时可以与儿童一起回顾学习的过程。

当儿童逐渐丧失兴趣时，成人可以通过共同游戏、示范其他可能性、引入新的元素或资源、共同注意等多种方式帮助他们重新集中注意。当儿童过度兴奋而难以集中注意力时，成人可以提供一个安静的环境或通过一对一的互动让儿童平静下来。

有效的成人支持的目的，一方面是让儿童体验深度投入与专注带来的发自内心的满足感，另一方面也是要帮助儿童在学习过程中逐渐有自我控制的意识，包括意识到自己的专注度对学习来讲很重要。儿童对成人传递的价值观很敏感，因此我们可以在观察到儿童有深度好奇和投入的时候明确告诉他们这种专注和投入是值得肯定的。儿童需要知道成人关注的是学习过程中的探索与投入，而不是只关注结果和学习的速度。

4.7　不断尝试

我们通过探索新事物、获得新经验来学习。如果停留在自己的舒适区域内，只做我们会做的事情，无疑可以做好，但并没有学到任何新东西。走出舒适区域接受挑战可能会失败，但只有这样才有发展新的知识与技能的机会。在最终达成目标前我们可能需要多次试误，不断从每一次的失败中总结经验。失败的原因可能是我们没有足够努力或专注，也可能是我们还需要再多坚持一下。

对于强大的学习者来说，在困难面前的坚持是必不可少的一项能力。最成功的人不是那些诸事都一帆风顺的人，而是不断尝试、在困难面前仍能坚持的人。这种心理韧性正如一句俗语所描述的："如果第一次没有成功，尝试，再尝试。"

儿童已经具备坚持的能力和经验，他们每一个发展阶段的能力都是通过不断练习获得的。一个婴儿摇摇晃晃地站起来，尝试着迈出了最初的几步，跌倒后也没有放弃，然后发现可以借助周围物体的支撑蹒跚前行，这是我们一生学习的缩影。

面对困境时的坚持能力源于对自主性的需求、对能力感的需求、成长型的思维方式以及健康的情绪：

- 相信再次尝试、更努力地尝试、换一种方式尝试可以获得成功（我的选择和我的行动会改变结果）；
- 不怕失败（我可以从失败中学习）；
- 不怕困难（困难不意味着我做不到，只是需要更多努力）。

成人在儿童不断尝试中所扮演的角色

尽管儿童在早期的学习与发展中大都会表现出不断的尝试与努力，但坚持性很早就会表现出个体差异。这可能受儿童气质的影响，但是研究发现成人与儿童的互动对儿童在达成目标过程中表现出的坚持性影响更大。一项研究发现，互动的质量和环境中的刺激对儿童坚持性的发展很重要。6 个月时更能集中于目标、更能坚持的婴儿在 13 个月时同样表现出更强的能力，这些儿童正好是那些能得到母亲更多的回应、生活环境中有更多互动性玩具的儿童（Yarrow et al.，1982）。

另外一项研究考察了儿童 12 个月、20 个月时坚持性与母亲教养方式的关系，结果发现母亲的态度与行为会影响儿童对环境掌握的坚持性。母亲在活动过程中的自主性支持、回应而不是控制的互动方式与婴儿的坚持性呈正相关（Grolnick et al.，1984）。

教师和家长经常希望儿童能一直成功、从不失败，因为担心失败的体验会影响儿童的自尊。其实自尊与学习的关系是有争议的，很多研究发现两者之间没有相关甚至有负相关（Baumeister et al.，2003）。自尊指个体将自己放在受高度尊重的地位，这不一定是基于自己在现实生活中的真实特性，与班杜拉所讲的自我效能感也不是一回事。自我效能感是个体对特定情境下能够达成目标的一种信念，是基于个体过去的相关经验，也包括对任务难度与情境因素的管理能力的评估。

在个体的最近发展区内提供适宜的支架，与对儿童过度保护从而导致他们从未面对真正的困难之间有清晰的界限。儿童需要面对困难，需要知道事情不总是一帆风顺，也需要知道坚持有时候需要付出代价。如果在早期，儿童没有经历挫折与挑战，那么将来遇到困难时他们会更难取得应有的成绩，因为他们没有机会发展自己的情绪抗逆力以及应对困难的能力。

盖·克莱斯顿（Guy Claxton，2006）提醒人们不要给儿童过于细致的支架："帮助儿童取得好成绩与帮助他们成为好的学习者不是一回事。只有当教师寻找机会撤出支架，支架才能真正有助于儿童的自主学习，让他们学会自己帮助自己。"格尼拉·达尔伯格（Gunilla Dahlberg，2000，p. 19）引用了艾瑞克·布朗芬布伦纳（Eric Bronfenbrenner）的话来说明过于细致的支架会限制儿童的学习："要让儿童取得成功，他们身边至少需要有一位会制造麻烦的怪叔叔。"怪叔叔会给儿童很多创造的空间，他可不会很细致地提供支架，反而会把儿童带出自己的舒适区，提供一些在不熟悉的领域冒险与尝试的机会。

成人可以通过以下几种方式来支持儿童的坚持性发展：

- 确保学习环境有一定的挑战性，儿童可以找到适合自己的挑战难度；
- 提供刺激与可控的挑战；
- 提供鼓励与敏感的支持，保证儿童既能解决困难又能始终在一种不确定、有挑战的情境中。

在过程中成人需要牢记自己的目标：既不是让儿童不犯错，也不是代他们解决问题，而是要让儿童知道错误也是学习的机会，面对困难时相信可以通过自己的努力解决困难。

4.8　享受目标达成后的成就感

主动学习者首先对事物有探索兴趣并深度投入，其次在进展不顺利时能坚持，最后还会沉醉于目标达成后的喜悦。这反映了由经历本身带来成就感的内部动机的重要性。

内在的掌握目标定向动机有很强的情绪成分。高普尼克（Gopnik et al.，1999，p. 162）描述了婴幼儿在恍然大悟之后"独一无二的喜悦"（distinctive joy），潘·格林教育机构的教师们也讲到学步儿获得成功后的开心。这种个人目标达成后来自内在的满足感，与完成由他人设定的目标、获得外在强化的满足感是不一样的。

因为盲目地相信提升自尊的作用，幼儿教师经常会给儿童很多语言的表扬和物质的奖励，如贴画。这种方法可能会降低儿童的内部动机。通过外部强化来塑造行为，其背后的假设是如果没有外部的强化，儿童就不会有动机去学习。同时，由此传递给儿童的信息是：学习目标是外部设定的，表现是按他人设定的标准评价的。换言之，这种外部强化破坏了儿童自己设定目标、自己掌握学习的主动性。研究发现外部强化会降低儿童对活动本身的认可度，降低儿童参与的动机。正如班杜拉（Bandura，1994）所述："目标设定不一定会增加兴趣，反而有可能会引发反感。自己设置的目标，对自己有一定的挑战，激发自己的强烈愿望，这时候目标可以增加兴趣。而如果目标是他人设定的，增加了各种条条框框和压力，这时候追求目标就会带来不愉快的体验。"

当然，成人积极的回应对儿童是有价值的，所以我们才强调成人回应的作用。但是，表浅的表扬与奖励会让儿童逐渐从具有掌握目标定向和对活动内在兴趣的学习者，转变为表现目标定向和外部动机型的学习者。所以说表扬和奖励短期内可能让儿童感觉良好，但长期来看会削弱儿童的内在控制感，降低对自我判断的信心，以致最终学习能力的下降。

成人在儿童享受目标达成后的成就感中所扮演的角色

早期教育实践中最应该反思的就是成人对外部奖励（如贴纸、小星星等）

的不当使用，因为研究已经发现经常使用外部奖励会降低儿童的内部动机。在这里成人依然需要牢记自己的目标：不要把儿童培养成为了外部奖励而学习的学习者，而要把儿童培养成有强大内部动力的学习者。

在一定时间内，为了特定的目的使用外部奖励会起到很好的效果。一旦成人决定使用外部奖励，记得要区分我们是选择与活动无关的、礼物的形式作为奖励，还是选择活动本身的效果作为强化物。比如，对一个有特殊需要的、不愿意自己练习走路的儿童来讲，我们可以每间隔一步距离放一颗糖果鼓励儿童自己走过去。拿到第一颗糖果可以看作对走出第一步的即时强化，能鼓励儿童继续朝向下一颗糖果迈出第二步。这种强化方法就要优于成人说"走三步过来我会给你糖果"，因为前一种强化方式可以让儿童看到走路本身带来的好处。儿童可以认识到走路本身是一种有用的技能，当然一旦儿童开始尝试走路，强化物就应该尽快撤掉。

表扬也常被用来激发外部动机，毫无疑问人们喜欢这种来自他人的积极反馈。但是积极反馈应该关注儿童真正的兴趣以及儿童在活动过程中的一些细节。

卡罗尔·德威克（Carol Dweck，2006，p. 205）写道：

> 你如何运用表扬？请记住，表扬儿童的智力或天分，传递的是固定型思维方式的信息，会让儿童的自信心与动机变得脆弱。相反，我们要关注的是过程，表扬儿童使用的策略、做出的努力或选择。请试着练习在与儿童互动的过程中表扬他们在过程中的表现。

空洞的表扬，诸如"不错""好孩子""很好"，或是给儿童贴标签，诸如"你真聪明""你很有天分"会降低儿童的内部动机。而如果表扬能提供关于活动过程的一些清晰的反馈则能提高内部动机，因为它让儿童明白行为结果取决于自己，会让儿童的自主性得到支持。总之，表扬应该具体，表扬那些对学业成功而言比较关键的因素，如儿童的投入度、专注度、坚持性、使用不同的策略、解决问题、有自己的观点等。反馈也可以讨论儿童的能力，但不应该是以成人的标准来评价能力高低，而是应该作为一个机会与儿童讨论他们在学习中所体现的主体性，比如取得了哪些成就、可以从问题中总结哪些经验、下次可以怎样做得更好等。

4.9　看到旅途中不一样的风景

　　主动学习说的是高效的学习者与他人互动、面对事物或事件时的态度与方式。在与成人和同伴的温暖的互动关系中，儿童获得归属感、自主性，然后逐渐开始接纳群体的价值观与目标。早期教育重要的价值在于培养儿童主动学习的品质，这样既符合童年的"实在性"（being），也符合童年的"生成性"（becoming）：当下高质量的童年经验帮助儿童成为主动学习者，而后为终身发展奠定基础。正如英国哲学家彼得斯（R. S. Peters，1965，p. 110）所说："受教育并不是为了达到目的地，而是为了在旅途中看到不一样的风景。我们需要的不是慌忙为前方的未知做准备，而是要细致地、充满热情地体验更有价值的当下。"

参考文献

［1］Ames, C. and Archer, J. (1988) Achievement goals in the classroom: students' learning strategies and motivation processes, *Journal of Educational Psychology*, 80: 260-267.

［2］Bandura, A. (1994) Self-efficacy, in V. S. Ramachaudran (ed.) *Encyopedia of Human Behaviour*, Vol. 4, pp. 71- 81.

［3］Baumann, N. and Scheffer, D. (2010) Seeking flow in the achievement domain: the achievement flow motive behind flow experience, *Motivation and Emotion*, 34.

［4］Baumeister, R., Campbell, J., Krueger, J. and Vohs, K. (2003) Does high self-esteem cause better performance, interpersonal success, happiness, or healthier lifestyles? *Psychological Science in the Public Interest*, 4(1): 1- 44.

［5］Bronson, M. (2000) *Self-regulation in Early Childhood: Nature and Nurture*. New York: The Guilford Press.

［6］Carlton, M. and Winsler, A. (1998) Fostering intrinsic motivation in early childhood classrooms, *Early Childhood Education Journal*, 25(3): 162-163.

［7］Claxton, G. (2006) Expanding the capacity to learn: a new end for education? Paper presented at the British Educational Research Association Annual Conference, 6 September.

［8］Csikszentmihalyi, M. (2000) *Beyond Boredom and Anxiety*: *Experiencing Flow in Work and Play*. San Francisco, CA: Jossey-Bass.

［9］Dahlberg, G. (2000) Early childhood pedagogy in a changing world: a practice-oriented research project troubling dominant discourses. *Policy*, *Practice and Politics*, *NZEI Te Riu Roa Early Childhood Millennium Conference Proceedings*, 19.

［10］Darnon, C., Muller, D., Schrager, S. and Pannuzzo, N. (2006) Mastery and performance goals predict epistemic and relational conflict regulation, *Journal of Educational Psychology*, 98(4): 766-776.

［11］Deci, E. and Ryan, R. M. (1985) *Intrinsic Motivation and Self-determination in Human Behavior*. New York: Plenum.

［12］Deci, E. and Ryan, R. (2000) The "what" and "why" of goal pursuits: human needs and the self-determination of behavior, *Psychological Inquiry*, 11(4): 227-268.

［13］Dweck, C. (2006) *Mindset*. New York: Random House.

［14］Dweck, C. and Leggett, E. (1988) A social-cognitive approach to motivation and personality, *Psychological Review*, 95: 256-273.

［15］Gopnik, A., Meltzoff, A. and Kuhl, P. (1999) *How Babies Think*. London: Phoenix.

［16］Grolnick, W., Bridges, L. and Frodi, A. (1984) Maternal control style and the mastery motivation of one-year-olds, *Infant Mental Health Journal*, 5: 72-82.

［17］Grolnick, W., Kurowski, C. and Gurland, S. (1999) Family processes and the development of children's self-regulation, *Educational Psychologist*, 34(1): 3-14.

［18］Hall, D. (1995) Children: Hands on, brains off?, *The Independent*, 22 October.

［19］Katz, L. (2000) Last class notes, in D. Rothenberg (ed.) *Proceedings of the Lilian Katz Symposium*, *November 5 2000*, Issues in Early Childhood Education.

［20］Laevers, F. (1993) Deep level learning: an exemplary application on the area of physical knowledge, *European Early Childhood Research Journal*, 1(1): 53-68.

［21］Laevers, F. (2005) *Deep-level-learning and the Experiential Approach in Early Childhood and Primary Education*. Leuven: Katholieke Universiteit Leuven Research Centre for Early Childhood and Primary Education.

［22］Lai, E. (2011) *Motivation*: *A Literature Review*, Research Report. Harlow: Pearson.

［23］Peters, R. S. (1965) Education as initiation, in R. D. Archambault (ed.) *Philosophical Analysis and Education*. New York: Humanities Press.

［24］Ruedy, E. and Nirenberg, S. (1990) *Where do I Put the Decimal Point?*: *How to Conquer Math Anxiety and Increase your Facility with Numbers*. New York: Henry Holt and Company.

［25］Ryan, R. and Stiller, J. (1991) The social contexts of internalization: parent and teacher influences on autonomy, motivation and learning, in P. Pintrich and M. Maehr (eds) *Advances in Motivation and Achievement*: *Vol. 7*: *Goals and Self-regulatory Processes*. Greenwich, CT: JAI Press.

［26］Yarrow, L., Morgan, G., Jennings, K., Harmon, R. and Gaiter, J. (1982) Infants' persistence at tasks: relationships to cognitive functioning and early experience, *Infant Behaviour and Development*, 5(2-4): 131-141.

第五章

创造性与批判性思维

迪·奇尔弗斯/**文**

杨佳伶/**译**

"你在书中读到了'火警响起来'(fire alarm went off)。但是如果发生火灾，难道不应该是'打开'(turn on)火警报警器吗?"（伊万，将近 5 岁）

"这是'b'吗? 我们是不是已经做过了这个练习呢? 因为我从罗伯特(Robert)的名字中发现了它。而且我知道这是'c'，因为我们之前说过，我在迈克尔(Michael)的名字里看到过它。"（杰克，5 岁）

本章着眼于儿童创造性与批判性思维的过程，这些过程能帮助我们理解儿童的行为，进而运用对儿童行为的理解支持他们拓展自己涌现的想法、兴趣和所着迷的事情。我们会列举一些儿童的想法和问题（就像本章开头的两个例子），也会介绍儿童的思维与学习背后的理论。

下面是关于一个幼儿创造性与批判性思维的例子。

孩子们发现了修剪树木后留下的一堆树枝树叶，他们开始把它们堆放在一个围栏结构的顶部，这个围栏是教育者为激发幼儿的游戏想法而设置的。许多孩子忙着一起收集树枝，放在围栏上保持平衡，为房子搭建一个屋顶。教育者帮助他们检查"漏洞"，然后他们找更多的叶子来填这些洞。"我们正在做一个非常好的小房间。"他们说着、唱着，"它越来越大，越来越大"。随着孩子们的想法不断发展，协作游戏一直持续。埃米莉说："我们需要一些台阶。"她去寻找了一些空心砖，着手做台阶。"我们做一个地毯吧"，瑞恩提出了建议。他去收集树叶，撕碎了叶子铺在小房子里。其他孩子开始帮忙。凯蒂找到了一把尺子，开始测量树枝和围栏。萨拉有一把锯子，所以她修剪了叠在一起的枝丫。乔治认为，小房子里不够黑是因为阳光会穿过栅栏墙照进房子里，所以他拿来了所有的塑料积木，将它们排列在栅栏旁边，再把积木堆高以阻挡光线。在一整天的时间里，孩子们随时都会回来继续这个游戏。

通过对儿童参与游戏的日常观察我们可以发现，儿童有很多精彩的想法和问题，这充分说明他们有能力进行深入的、有想象力的、有创造性的思考。虽然《法定框架》中的三个特点"游戏与探索""主动学习"和"创造性与批判性思维"是单独提出来的，但在现实中，对于幼儿（及成人）而言，它们是紧密联系、彼此交叉的，很难将其中一个维度单独分出来。知道了这一点后，教育者需要记住，儿童的思考、学习和发展三者也是交叉的——这正是他们得以最好地思考和学习的原因。《法定框架》提到的三个特点可以帮助我们解释观察到的现象，理解儿童学习和发展的复杂性。同时教育者始终要记住，儿童的思想需要保持交叉的状态，这样才是对儿童有意义的。简言之，儿童的学习与发展是一个整体的过程。

创造性与批判性思维这个特征又进一步被分解为以下三个方面（Early Education，2012）：

　　●**有自己的想法**，儿童充满好奇心和想象力，时刻准备着去"试一试"解决问题并且能找到新的解决办法；

　　●**建立联结**，儿童能从当前发生的事件以及已有的经验中寻找模式和规律，预测可能发生的事情并验证自己的想法。儿童会发展出分组、分类、排序、因果关系等思维；

● **选择做事情的策略**，包括儿童计划如何完成任务、解决问题或达成目标。他们检查任务的进展情况，并在适当时改变策略，并回顾方法的使用效果。

在儿童的游戏、探索与主动学习过程中，上述这些方面会交织在一起。思维的过程在儿童的学习与发展中发挥着核心作用。在本章开头的例子中，我们看到儿童有自己的想法，能建立联结并选择做事情的策略。儿童的学习伴随着他们的思考、提问、推理和问题解决。像上述案例这样观察是一种了解儿童思维方式的窗口，使我们能够探查他们的思维过程，知道他们是如何理解他们身处其中的这个复杂的世界的。他们的想法和观点具有创造性和独特性，正如德拉蒙德等人（Drummond et al.）所说，我们应该认识到儿童思维的独特性并参与其中。"当我们与儿童一起工作时，当我们和他们一起游戏、谈话时，当我们看到他们以及他们所做的一切时，我们正在目睹一个令人着迷和鼓舞人心的过程：我们正在看到儿童的学习。"（Drummond et al.，1993，p. 5）像德拉蒙德等人建议的那样，我们在日常实践中应观察儿童的行为，并"努力理解它，然后在理解的基础上善用它"。

5.1　思维的语言

出生前后儿童的大脑会发育，他们的早期经历相互联系、共同构建他们的思维、理解和知识。证据表明，儿童的早期经历（特别是与依恋、养育和调谐有关的经历）将决定他们未来的学习投入（Elfer，2006；Trevarthen，1988 & 2006；Allen，2011；Whitebread，2012）。在解释儿童的思维和学习时，人们经常将它们与儿童的情感和身体发展隔离开来，对早期经历在大脑中建立起来的精细的神经网络几乎不理解。把这些自然形成的联结与儿童的学习割裂开来，关注儿童学习的内容而不是过程，这会导致一种肤浅而简单的教学观，它很有可能会剥夺儿童作为思想者和学习者的权利。儿童的社会性和情感发展支持他们在思维过程、问题解决、建立联结以及在复杂的问题面前选择适宜的策略。我们在本章开头的例子中看到了儿童的质疑和游戏。

这些过程可以称为儿童的"思维的语言"（language for thinking），这是一种因为构思然后传达自己的思想和创意表达的形式，它们使思维过程得以显现。处于前口语阶段或尚未具备口头表达能力的儿童都可以通过动作表达他们的想法。婴儿和学步儿也具备一种与生俱来的内驱力和本能的需求来探索、游戏和追随他们自发的冲动。我们可以在早期的行为图式，如滚动、旋转和弹出中看到儿童的思维。我们也可以在上述儿童按自己的想法来建造小房子的游戏中看到他们的思维，他们彼此激励，并获得了教育者的支持。创造性与批判性思维在儿童的游戏中有很好的体现。

5.2　创造性与批判性思维是一个过程

把思维和学习看作一个过程的观点源于布鲁纳（Bruner）和维果斯基的理论，他们认为儿童的思维是基于直接经验在社会情境中建构认知结构的过程；在遇到挑战和困难时，外部的支持可以以一种有意义的方式构建和扩展儿童的思维和学习。当婴幼儿开始本能地探索他们周围世界中的人物、地点和事物，吸收经验，积累并添加到先前经验中时，建构就开始了。许多读者了解瑞吉欧·艾米利亚教学法（Reggio Emilia Pedagogy），在这种方法看来，所有儿童都是有能力、有创造力的思想家和学习者。这一观念形成了他们早期的教育哲学观，他们认为儿童的发展来自他们自身涌现的、持续不断的想法，而这些想法也是建构学习的一部分（Edwards et al.，1998；Rinaldi，2006）。

建构发生在儿童熟悉的、安全的环境中，通过不断提出问题和解决问题，儿童验证自己的想法。当他们与其他儿童以及成人合作时，建构的过程会更有效。如果我们观察儿童建构的过程，就会看到他们用自己独特的方式来理解这个世界，正如本章开头伊万和杰克所做的那样。如果发生火灾，应该"打开"火警报警器，这个想法需要被珍惜和尊重，因为"当儿童发现他们有一些独特的想法要'说'出来，不论是通过语言、舞蹈、音乐或是产生他们自己的理论时，就是创造的过程"（Bruce，2004，p.14）。

关于创造性与批判性思维的过程，20世纪初的理论中就有涉及，如布鲁纳、皮亚杰和维果斯基都曾讨论过这一话题，而最近罗伯森（Robson，2006）、克拉夫特（Craft，2012）以及府本等人（Fumoto et al.，2012）的研究也与此相关。罗伯森（Robson，2006，p.172）受梅多斯（Meadows，1993）和克拉克斯顿（Claxton，1998）的启发，用四个步骤描述了创造性思维的过程：**准备、酝酿、明朗和验证**（见表5.1）。这四个阶段并不是严格地按照既定顺序发生的，创造的过程是思维和经验混乱交织的状态，在这其中会产生更复杂的思维和理解。这一创造性与批判性思维的过程不仅适用于年幼的儿童，也适用于其他儿童，甚至适用于毕生发展的任何阶段。然而，虽然准备、酝酿、明朗和验证这四个步骤为我们提供了一个理解儿童思维的框架，但对于创造性与批判性思维而言我们还需要考虑其他的影响因素。

5.3　想象的语言

想象力是儿童创造性与批判性思维的基础；它是思维语言的一个重要组成部分，它使儿童能够以独特而有创造力的方式生成自己的想法并使想法形象化。此外，一些认知过程如记忆、感知和抽象思维中也有想象的参与。在本章开头提到的孩子们参与搭建小房子的游戏，就是这些复杂过程的一个缩影。通过对儿童的观察与分析，我们可以更好地理解为什么想象游戏对于成为一个有创造性和批判性的思考者来说是必不可少的"大脑锻炼"（brain exercise）。

教师把修剪下的树枝收集起来为第二天的活动做准备，而这刚好启发了"小房子游戏"。教师知道，为儿童提供一些具有启发性的材料来激发他们产生自己的想法是非常重要的。这种开放式的、富有想象力的材料能激发创意和想象。儿童最初可能只是有个大概的想法，想要做些什么，但这种个人的想法会慢慢演变成小组的目标。达菲（Duffy，1998）认为，这个过程就是儿童把自己对这个世界的理解可视化并创造一些可能性来验证自己观点的过程，这种创造性的过程对于IT软件开发、设计与工程而言都非常重要。如果儿童的想象力没有受到限制，那么在准备和酝酿的过程中儿童就会涌现出很多创造的火花。

奇克森米哈伊（Csikszentmihalyi，1996）详细描述了"心流"的状态：个体全神贯注于正在做的事情，他们此时不再有时间意识，不被干扰，完全专注于手头的任务。这对于儿童来说是一样的，当他们深深投入于某件事情，通常是

表 5.1　准备、酝酿、明朗和验证

	解释	在实践中
准备	信息收集，获取专业知识，验证想法。熟悉人、地点和事物，了解周围的世界。同伴间的合作、游戏作为交流的过程。	当儿童玩耍和实验时，我们可以清楚地看到这些行为和想法。婴儿感知探索，如将物品放入口中；学步儿童表现出好奇心，开始问一些为什么的问题；年龄较大的儿童通过提出问题，解决问题的功能与原理，也不断更新他们的想法。在"造房子"的例子中，儿童熟悉材料并在游戏过程中不断调整自己的想法——一个儿童的想法引发了另一个儿童的想法。
酝酿	这是吸收、反思和思考的一段时期；花时间处理各种观点或信息并理解它们，使它们转变为自己的想法。这是产生更多的想法、发展自己的观点并且有机会对思维过程再思考的一段时间。这通常是一个独立的过程，在这一过程中儿童消化他们所经历的事情。布鲁斯（Bruce, 2004）将此称为有重要"酝酿"过程的观点解化。	婴儿、学步儿和幼儿都需要时间和空间来思考、游戏和重复。重要的是要确保他们有时间和空间独自及合作游戏。当儿童不断尝试、反复琢磨时，观察他们的面部表情、身体姿势以及全神贯注时进入的状态可以给我们了解儿童的创造性思维的线索，但需要在他全神贯注时进行观察。很明显，杰克和伊万万已经酝酿了自己的想法，消化了他们已获得的信息，思考并并试图通过提出自己的问题来理解这些信息。
明朗	建立联系，让儿童达到"明朗"或"洞察"的那一刻。这可能是发生在一瞬间的顿悟，也可能是渐悟。无论是哪种情况，儿童的思维都会得到深化。	观察儿童（包括婴儿和幼儿）发起的游戏和活动可以帮助我们了解儿童的思维，例如他们如何组成单词联系在一起——他已经掌握了符号的抽象性并理解它们是有意义的。对于婴儿和幼儿，思维通常伴随着行动，例如，当妈妈将娃娃藏在孩子背后时，孩子知道娃娃并没有完全消失。
验证	儿童验证自己的观点，并在其他环境中重新试验，以确立和完善自己的理解。	儿童（包括婴儿和幼儿）用游戏来验证他们的想法。如果我们观察儿童怎样在游戏中展示自己的思维过程，就可以从他们的进步中验证我们的理解（和判断）。例如，乔治已经发现了"小房子"的问题（它不够黑），所以他利用他关于明和暗的经验来解决这个问题——乔治开始通过游戏来丰富他之前获得的经验和知识。我们可以从中了解到他已经理解了两者之间的区别以及知道如何向营造黑暗环境。

他们自己发起的事情时，能够沉浸其中，长时间集中注意力，即使在继续推进变得艰难的时候也能坚持下去。在这样的时刻，儿童的思维和学习走到了另一个高度，变得更有意义，最终会让儿童达到一个更高的"掌握"和理解的水平。拉弗斯（Laevers，2005）也将儿童在游戏/活动中的投入与他们的注意力、坚持性和能量联系起来，他称之为"高强度的心理活动"（intense mental activity），并认为这种活动会引发更深层次的思考和学习。我们一再强调游戏与探索对于创造性与批判性思维的重要性，这里我们又提到它与主动学习（有关投入与坚持的重要性，请参阅第四章）也是有交叉的。

通过富有想象力的游戏，儿童能够理解自己（和其他人）的想法，并且在酝酿的过程中能够提炼和扩展自己的想法。克拉克斯顿（Claxton，2000）认为儿童拥有一个"学习工具包"（learning toolkit），这个工具包里面有成为一个有自信心、有能力的学习者的关键要素，并在整个生命过程中不断丰富。他将想象力也放在工具包之内，原因如下：

> 通过创造想象来扩展我们所知道的和所能够的，这种能力就是想象学习。在想象学习的过程中，你既可以打破已有的结构挑战自我的极限，又可以重新建构信息，生成新的模式。

（Claxton，2000，p. 6）

思维流动、深度投入和想象力共同影响学习过程，加深他们的理解，并将他们的学习引到更复杂的思维领域，特别是持续的共享思维。在富有想象力的游戏中，儿童将会与他人探讨、分享观点，共同想办法解决问题，通过这样的方式建构自己的观点与学习。例如，当埃米莉决定添加台阶时，当瑞恩建议房间需要地毯时，当乔治想办法让房间变暗时，他们都在"项目"中贡献了富有想象力的想法，他们合作推进了他们的想法，给出了做决策的理由，并确定了实施这些决策的方法。布拉奇福德等人（Siraj-Blatchford et al.，2002）将这个过程解释为"一个成人和一两个孩子以充满智慧的方式一起来解决问题，澄清概念，评估活动或扩展一段表述"（p. 8）。

"有效早期教育研究项目"（REPEY，Siraj-Blatchford et al.，2002，p. 12）给出了明确的证据，证明儿童发起的游戏与教师引导的小组工作是"学习的主要载体"，尤其是在儿童自发的独自或小组游戏中适当增加教师的指导是最有效的。其他研究（Siraj-Blatchford，2008；Whitebread，2012）也表明，如果鼓励儿童以小组或个人的方式发展自己的兴趣，他们就会有更多的学习投入。他们能更长时间集中注意力，遇到困难时能坚持，并在活动过程中使用推理和问题解决等策略。

怀特布雷德(Whitebread，2012)(另见第二章)已经指出了早期教育教学中自我控制的关键要素，它们可以与儿童的创造性与批判性思维联系起来。包括以下几点：

- 儿童发起活动，由他们决定玩什么、在哪里以及和谁在一起；设置个别化的、有意义的目标和挑战；
- 没有成人指导的独自游戏和工作的机会；自主学习，自己解决问题；
- 扩展性协作和谈话；通过沟通和语言呈现思维和学习的过程。

这些要素都是儿童认知、自我控制发展所不可缺少的，儿童对自己的学习负责，受内部动机驱动去解决遇到的困难，积极主动地投入学习过程中。"小房子游戏"完全是由儿童发起的(除了教师最开始拿树枝做启发外)，这个游戏持续了差不多一整天，儿童会不时地重新回到自己的想象游戏中来。当教师看到儿童需要帮助或支持时，会偶尔做一些干预，启发儿童、拓展游戏的内容。

5.4　想象游戏——从具体到符号思维

想象将儿童从当下的、具体的经验带到了复杂而抽象的思维。想象根植于儿童游戏中："把真实世界的经验迁移到游戏中能拓展儿童对概念的理解，也代表着他们抽象思维的发展。想象游戏的复杂性代表着儿童早期发展的最高水平。(Vygotsky，1978)"(Duffy，1998，p.53)

当儿童通过游戏表达他们的观点时，思维的复杂性就开始发展了。比如，一个年龄稍大些的婴儿玩躲猫猫的游戏时重复着遮住眼睛的动作，拍着手来表达自己的愉悦，或者一个学步儿开始假装喂布娃娃和哄布娃娃睡觉(有关此过程的详细内容请参阅第三章)。对于年龄较大的儿童，当游戏材料被赋予意义时，他们的游戏变得更加复杂、更有想象力。比如，盒子是一个过山车，一块布变成了一个看不见的斗篷，红色的水则是一瓶魔法药水。只要材料留有一定的想象空间，他们就会赋予其不同的意义，在这个过程中变得越来越有创造力。将各种事物赋予意义的过程意味着他们在学习。当他们开始注意到模式和序列以及因果关系时，则表示他们在进行创造性与批判性思维。伊万和杰克在思考那些让他们困惑的事情时也表示是创造性与批判性思维的体现：他们在努力澄清或验证自己的想法。

儿童必须将自己的符号系统和由他们周围文化环境所创造的符号系统建立联系。比如，文化将意义赋予了声音、字母和词组符号，所以在同一文化背景下的人都可以理解词语"房子"是指一个你可能住着的地方。当然，这个符号有更复杂的意思，我们还可以区分"平房""楼房"和"公寓"等。数学、音乐和语言也是这样的符号系统。在学习语言的过程中，儿童不仅要知道词语，还要知道词语所代表的含义，这样他们才能学会使用这些共用的符号来阅读和写作。儿童参与这种自由的表征、想象游戏的机会越多，就越有可能实现从具体到抽象的思维跨越。

儿童有一套逐渐复杂的符号系统，他们急切地想把自己好奇的、想要去理解的事物纳入进来。想象游戏是最重要的途径。然而，在早期教育实践中想象游戏经常被边缘化，被视为一种随意的活动，在所有"真正的工作"完成后才可以参与。关于游戏与学习的争论一直存在，即使有证据明确指出游戏的价值，儿童依然在应该准备、酝酿、明朗、验证他们的创造与想象的年纪被过早地要求学习读写和算数。我们需要从以下几点反思我们的教育实践：

- 在你的学校中想象游戏占据什么样的地位？
- 儿童在室内和户外有哪些机会参与想象游戏？
- 游戏过程跟随谁的想象——儿童还是教师自己的？谁来决定？
- 儿童有多少时间来准备和酝酿他们充满想象力的想法？
- 你提供的材料是开放式的吗？
- 儿童是否使用充满想象力的语言，并像伊万和杰克那样提出有想象力和创造性的问题？
- 儿童是否经常有机会反思和调整自己的想法？

5.5　反思的语言——创造与批判

创造性思维可以被描述为：儿童的想法以独特而真实的方式绽放的过程。其中，多样的、富有想象力的游戏为创造性思维提供了空间；我们支持儿童创造性思维的过程实际上也支持了他们的批判性思维。

反思——对思维过程的再思考（元认知）同时包含了创造与批判的过程：一方面反思是创造性的一部分，因为通过协作和共同思考可以迸发思想的火花；而另一方面，反思是支持批判性思维发展的元认知过程的一部分。无论哪种方式，元认知与反思能力都是儿童成为有竞争力、有能力的思考者和学习者的关键。

行动中的反思（Schon，1987）在儿童搭建小房子的游戏中表现得很明显，在儿童讨论他们在做什么以及为什么这么做时，一个想法引出另一个想法。在午餐时间，教师与儿童分享了她在早晨拍摄和记录的一些照片和对话，这些照片和对话引起了儿童进一步的讨论、回顾和思考（行动中的反思）。下午，儿童回到了小房子，继续他们的"工作"。在这个建构的过程中，儿童的创造性和批判性思维得到了发展，他们真实地经历了有意义的思考和学习的过程。在这个过程中很重要的是儿童在经验间建立联结、寻找模式、做出预测并验证自己的想法，以及根据需要改变策略。

元认知可以解释为"对思维的再思考"（Robson，2006，p. 82），"当你不知道该怎么做时，知道该做什么"（Claxton，1999），"自发式的困惑"（Donaldson，1978）。元认知的过程正是儿童意识到自己是思考者，以及该如何反思自己的想法的过程，但前提是他们的思维与想法首先要得到身边的人的认可。

布拉奇福德（Siraj-Blatchford，2008）已经证明了这个过程是儿童学习的核心，这个过程对学习者树立自我信念有重要作用，同时对儿童获得学会学习所需要的思维倾向也有很大的帮助。小房子游戏中的教师就认识到了儿童的思维过程，让他们一起分享讨论彼此的想法，给他们时间去提问、思考和反思；让他们有时间澄清问题、寻找解决办法以及一起工作，就像"学习者共同体"（community of learners）一样合作。

反思是瑞吉欧·艾米利亚教育理念的一部分，该课程模式鼓励儿童与同伴不断分享和讨论他们的想法；基于儿童想法的元认知对话是常规活动。下面是在一所瑞吉欧·艾米利亚幼儿园中一组儿童（都是 5 岁）的对话。他们在讨论城市以及城市内部相联系的各部分（Giudici & Rinaldi，2001，p. 239）。

> 贾科莫：人们可以在广场上交谈。
>
> 西蒙：有一些好看的广场，也有丑的。然后有一些广场是用来停车的，有些是给足球运动员的。
>
> 贾科莫：我觉得这不太好，人们都不知道自己去哪个广场了。
>
> 西蒙：城市是由街道和铁路连起来的，对吧，贾科莫？
>
> 贾科莫：嗯，是的，街道很重要，可以把城市连在一起，让它们能运转起来。
>
> 埃米利亚诺：我们要看看它是不是全部连通的。
>
> 西蒙：就像真实的城市一样。
>
> 贾科莫：我们要确保整个城市都是连通的，没有人会迷路。

男孩们在小组中一起讨论和思考一些复杂的社会性的和策略性的问题：如何使道路发挥作用？他们忙着交谈和反思，同时画出来他们心中的瑞吉欧·艾米利亚市的道路、广场和整个城市。他们反复思考讨论，还互相询问彼此以验证自己的想法。瑞吉欧幼儿园的儿童很小就开始参与这类元认知对话，这可能是大多数儿童成为创造性和批判性思考者的主要原因之一，因为他们自己的想法和思考得到了教师的支持。

在瑞吉欧的教学中，教师还会通过记录的方式来支持儿童的反思性实践和元认知思维。教师观察儿童的活动并以叙事的形式做记录，他们关注的重点是活动过程中儿童的思维、兴趣和对话，以此来理解和推断儿童如何形成自己的想法。记录与教学、学习、评估和计划是融合在一起的，目的是让思维和理解的过程对儿童变得有意义，就像里纳尔迪（Giudici & Rinaldi，2001，p. 84）解释的：

> 观察、记录和解释交织在一起，形成一种"循环运动"，每一步都不能单独抽离出来。事实上，在没有观察和解释的情况下，记录是不可能的。而没有记录，解释也无从谈起。

在实践中，记录的过程是和儿童的活动一起进行的。为了让儿童不断探索他们的瑞吉欧城市，教师录制他们的对话，拍摄一系列照片作为叙事的素材，同时也拍下儿童在不同阶段绘制的地图，所有这些资料汇总在一起能够展示儿童在活动过程中的想法和思维的发展变化。教师会和儿童分享自己的记录，和儿童讨论下一步他们想做什么。儿童会反思以前的经验，产生元认知对话，生成新的想法。像这样的回顾过程也是高瞻课程的核心（Holt，2010），教师在实践中运用回顾的方法可以很好地支持《法定框架》有效学习"创造性与批判性思维"维度下的一个子维度——"选择做事情的策略"：

- 计划、决策自己如何完成一项任务、解决一个问题或达成一项目标；
- 监控活动的过程与进度；
- 根据需要调整策略；
- 反思活动的效果。

（Early Education，2012，p. 8）

《发展指南》（Early Education，2012）中关于"积极的关系"和"支持的环境"的专栏也提供了一些实例来说明成人如何通过语言来支持儿童的思考。

5.6　可能性思维的语言

克拉夫特（Craft，2010，p. 20）将"可能性思维"解释为"允许我们将'**是什么**'转变为'**可能是什么**'"，以便通过提问、自我表达、想象、观念分享和冒险来扩展自己的想法或思维。例如，杰克关于这些字母的可能性的问题表现出他对字母的顺序有些困惑，随着他不断提问，这个问题会被澄清；同时，我们可以从这个例子中看出杰克对字母的结构和读音掌握得比较好。这就是可能性思维的一部分，可能性思维还包括"专注、提出和回应问题、建立联结、发挥想象力、创新和冒险的各种意愿和能力"（Craft，2010，p. 20）。

表5.2中展示的七个要点被克拉夫特等人（Craft et al.，2007；Craft，2012）称为可能性思维的七个关键特征；它们都与本章开头提到的儿童的创造性与批

判性思维的例子有关。克拉夫特的研究表明，如果儿童在早期游戏和活动中表现出较多的可能性思维的关键特征，那么他们的创造性和批判性思维就会发展得更好，之后的学习中也会有更深度地投入，容易产生更多的想法，并能和他人讨论这些想法，成为源于内部动机的自主学习，愿意合作去探索未知。这种在学习中表现出来的自主性也会有利于儿童建立自信——相信自己是有创造性和批判性的思考者（Craft et al.，2007；Craft，2012）。

5.7　支持社会建构性思维的对话语言

显然，本章例子中的幼儿能够表达他们的思考、想法和兴趣。他们是通过在共同游戏中提出问题以及彼此之间的交流来表达自己的想法的。

尽管语言不是沟通的唯一方式，如《一百种语言》（*The One Thousand Language*，Edwards et al.，1998）所提及的，但它肯定是以社会性和反思性方式分享你脑海中想法的最好方式之一。对话能澄清想法，甚至能引发更多的想法，这本身就是创造性的，也是所有儿童在现在和未来都需要具备的终身学习的技能。

交流对话常常是非正式的，可以在一日生活中随时随地发生，所以它对个体建构创造性和批判性思维的作用尤为关键。重要的是，由儿童发起的对话通常会发展为极具创造性的学习体验。它们主要出现在儿童自发的游戏中，无法预期或计划，但为学习奠定了良好的基础，儿童或那些注意观察、倾听的玩伴型的教师能够敏感地捕捉并拓展这种对话交流（Siraj-Blatchford et al.，2002）。这是社会建构过程中的"服务和反馈"（serve and return）模式（Harvard University Centre on the Developing Child，2012），洛利斯·马拉古齐（Loris Malaguzzi）称其为"乒乓球运动"（Edwards et al.，1998），参与者就像是在给彼此击传各种想法、可能性问题和思考，当从一方传向另一方的时候，这个"运动"就开始了，而对于这种击传方式没有人会不接招！因此，创造性思维是在共同参与的情境下或是在持续的观点分享中共同构建的。

下面几点节选改编自奇尔弗斯（Chilvers，2006）的文章，强调了一些使用创造性的对话语言的细节。在创造性的对话语言中，儿童可以——

表 5.2　可能性思维的七个关键特征

特征	对案例的分析
问题提出和回应——找到完美的可能性问题，这是一个既不会太狭隘（封闭）又不太宽泛（太笼统）的问题（这两种问题都会影响儿童的创造性和批判性思维）。问题有不同的作用： • 诱导性问题会推动儿童的活动，因为问询者（儿童或成人）会对活动有更多的掌控。 • 服务性问题使儿童能够制定策略，帮助他们解决问题。 • 跟进式问题是精细化的，有助于实现一个想法的问题。	在"小房子游戏"中起主导作用的是儿童自己的问题，例如：我们做一块地毯吧。我们需要一些合阶吗？他们提出了可能性，然后着手实现它们。 一个服务性问题可能是：我怎样才能找到足够的叶子来把它们都盖起来？
游戏——具有开放性、创造性和想象力，成人作为游戏伙伴参与其中，"在儿童可能开展游戏之处提供游戏的机会"（Craft，2012，p.57）。有高认知挑战的游戏——比如想象游戏——提供道具，充足的游戏时间和空间。	一个跟进式问题可能是：我是否需要找到大叶子来盖它？ 在"小房子游戏"中教师会给儿童提供充分的可能性让他们自己做决定——她观察儿童正在做什么、说什么，偶尔参与到游戏中，并提供了如防水衣之类的其他工具。 儿童可以在一天和一周的其余时间内进入或退出游戏。
沉浸——或酝酿。在游戏中玩得忘记时间，有一个安全可靠的环境，支持和重视儿童的想法和思考。教育者尊重、支持和重视儿童的想法和思考。	成人追随儿童关于小房子的想法，他们喜欢和儿童一起出去玩，并能与儿童分享游戏中的喜悦。任何预先设定的计划都会被放弃，大家跟随着各种涌现的想法。
创新——或洞察力。儿童在经验、观念之间建立联结以获得思维、概念的进一步发展。	伊万杰克的有深度的问题表明他们是怎样以创造性的方式把自己的想法联系起来的，并能进一步推进他们的思考。
富有想象力——见上文——儿童需要想象可能的事情——可能性。有支持性的环境，自己的想法并通过游戏表现这些想法。	显而易见，在"小房子游戏"中儿童仔细考虑需要做什么以及如何做到这些。他们搭建小房子的富有想象力的经历有各种技能，态度和品质的参与。
自我抉择和承担风险——因为成年人鼓励儿童在安全、支持性的环境中大胆尝试，儿童深度投入其中，而且能自我激励。	幼儿园的花园里有开放的材料，从树上锯下来的大的树枝，这是一个既有一定挑战性又相对安全的支持性环境。教育者要鼓励幼儿自己做出决策和自我控制。

资料来源：节选自克拉夫特等人（Craft et al.，2007）及克拉夫特（Craft，2012）。

- **生成观点**：在任何年龄对话都会生成观点和思考。一个婴儿会高兴地喋喋不休，因为他主导了一场"我扔下拨浪鼓然后你捡起来"的游戏。一个 3 岁的孩子刚造了辆玩具小车，在试图弄清楚如何让小车上的车轮转动时他会叽叽喳喳说个不停，来自成人的及时支持和词语重复将有助于将这种孩子的念念有词变成通顺的语言和有逻辑的思考。

- **确认并澄清观点**：通过谈论经历（包括学习）儿童可以重新确认自己的观点，获得对自己所做之事的自信。他们可以合作反复验证自己的想法。

- **反思**：语言表达实际上就包含反思，例如，涉及过去的经历或是他们刚刚做了什么时，儿童会说"我记得……""我小时候是不是……""我上次做的时候……"。

- **使观点和思维可见**：在对话中，儿童的观点和思维会外显出来，它们通常与儿童感兴趣的东西有关，并且是基于现实和他们的生活环境的。比如，"为什么雪消失了？""为什么我不能像猫那样跳得那么高？"只有通过给儿童无限的机会来谈论，我们才能逐渐理解他们头脑中在想什么。我们需要关注他们下一步要怎么做以支持他们的思维和语言发展，比如我们可以用示范的方法。

- **建立自信和自尊**：自信和自尊源于被倾听和接纳。建立自信心的关键方式之一是对话。如果儿童的观点被接受，那么他们很快就会认为自己的观点、想法和谈话是有价值的。对话的过程让儿童获得肯定，他们会更有勇气表达自己的需求、愿望和想法。他们将更加了解自己，有利于自我概念朝着积极的方向健康发展。

5.8　观察思维的语言

如果我们期望儿童变得更具有反思性，能把元认知作为他们创造性和批判性思维发展的一部分，那么就只有与他们一起工作的人也追求这一目标，才是公平的。教师对儿童的想法和兴趣做周期性的观察、反思是最有效的方法之一，如图 5.1（Early Education，2012），在第六章朱迪思·史蒂文斯更详细地探讨了这个周期。

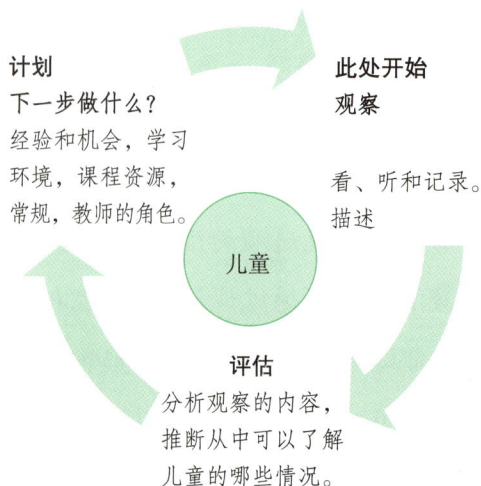

图 5.1　观察、评估和计划周期

资料来源：英国教育部（Early Education，2012）（根据公开的政府许可条款转载）。

观察是教育者了解儿童创造性和批判性思维的机会，这通常发生在一个或是多个幼儿自发地、无计划地开始活动的时候。如果我们真的想要理解儿童如何思考以及他们知道什么，我们只需要观察他们并以某种方式记录下来。

要实现这一点，在我们看来，需要反思性的实践，即教师是"退后一步"的，尽管他们是参与其中的，但他们优先关注的是幼儿的行为传递的信息是什么。它还涉及"以某种方式记录这些时刻"，比如留下心理快照、动态的或静态的图片，做笔记，或在特定情况下可以录像以便回放。记录也包含我们对一些事件的回复和评论。

（Craft et al.，2007，p. 9）

重要的是要记住，我们是要对一个或多个幼儿的创造性和批判性思维的整个过程进行观察和记录。仅仅是对开始和结束时刻做速写并不能说明整个过程的图景。"稍微偏中间一点儿"，更能"讲述思考的故事"，还能捕捉到幼儿的思维达到一个新的高度的精彩瞬间。

评价是用以解释我们所观察到的事物的一种方式，克拉夫特等人（Craft et al.，2007，p. 9）将其定义为"在不介入的观察记录后，反思我们从中了解到了什么，以适当地支持和激励他们学习"。评价要揭示儿童思维、发展和学习的整体性；寻找思维语言以及儿童用于思考的"工具"，例如，问题的设定和解决、假设和推理、提问和可能性思考。只有这样，我们才能对儿童的发展做出全面而专业的判断，特别是关于他们是如何学习的（学习的特点）以及他们学习的内容（七个学习领域，DfE，2012）。表 5.3 可能会帮助你澄清对幼儿发展这些关键方面的思考和理解。

表 5.3　观察思维语言

当你观察室内或户外游戏中的幼儿的时候，你看到他们在使用思维语言了吗？记录下你所看到的，拍下事情发展的照片或视频，并根据这些对儿童的进步做出非正式的判断。思考以下方面并与你学校的同事一起讨论观察结果。		
方面/过程	是什么意思？	观察幼儿时，你有没有看到过这种情况发生？是怎样的场景？
准备		
酝酿		
明朗		
验证		
富有想象力的游戏		
富有想象力的游戏——从具体思维到符号思维		
反思元认知		
可能性思维		
会话语言和共同构建		

计划是支持和促进儿童发展的方法，应该以同伴合作的形式进行：由教师进行引导，策划游戏、活动，并选定活动小组；由儿童提出想法和创意。如果实际情况是相反的，教师计划和建构儿童一日生活中的每一分钟，那么幼儿将很少有机会能享受创造性和批判性思维的乐趣。

5.9　结　语

儿童的思维语言是儿童创造性和批判性思维的基础，在这一基础上，他们可以自信、健康地成长，真正相信自己是有竞争力、有能力的思考者和学习者。这也是我们希望儿童在未来能拥有的终身学习的态度、技能和品质。"在 21 世纪初，我们认识到富有创造力是所有人类的关键的特征之一。"（Craft，2010，p. 2）

参考文献

［1］Allen, G. (2011) *Early Intervention: The Next Steps*. London: HM Government.

［2］Bruce, T. (2004) *Cultivating Creativity in Babies, Toddlers and Young Children*. London: Hodder and Stoughton.

［3］Chilvers, D. (2006) *Young Children Talking: The Art of Conversation and Why Children Need to Chatter*. London: Early Education.

［4］Claxton, G. (1998) *Hare Brain, Tortoise Mind*. London: Fourth Estate.

［5］Claxton, G. (1999) *Wise Up: Learning to Live the Learning Life*. Stafford: Network Educational Press Ltd.

［6］Claxton, G. (2000) A sure start for an uncertain world. Transcript of a lecture, *Early Education Journal*, Spring 2000. London: Early Education.

［7］Craft, A. (2010) Teaching for possibility thinking-what is it and how do we do it? *Learning Matters*, 15(1): 19-23.

［8］Craft, A. (2012) Child-initiated play and professional creativity: enabling four-year-olds' possibility thinking, *Thinking Skills and Creativity Journal*, 7: 48-61.

［9］Craft, A., Cremin, T., Burnard, P. and Chappell, K. (2007) Developing creative learning through possibility thinking with children aged 3-7, in A. Craft, T. Cremin and P. Burnard (eds) *Creative Learning 3-11 and How We Document it*. London: Trentham Books.

［10］Csikszentmihalyi, M. (1996) *Creativity*. New York: HarperCollins.

［11］DCSF (Department for Children, Schools and Families) (2008) *Statutory Framework for the Early Years Foundation Stage: Setting the Standards for Learning, Development and Care for Children from Birth to Five*. Nottingham: DCSF Publications.

［12］DfE (Department for Education) (2012) *Statutory Framework for the Early Years Foundation Stage: Setting the Standards for Learning Development and Care for Children from Birth to Five*. http://www.foundation years.org.uk/early-years-foundation-stage-2012/or http://www.education.gov.uk/aboutdfe/statutory/g00213120/eyfs-statutory-framework(accessed 1 January 2013).

［13］Donaldson, M. (1978) *Children's Minds*. London: Fontana Press.

［14］Drummond, M. J., Rouse, D. and Pugh, G. (1993) *Making Assessment Work: Values and Principles in Assessing Young Children's Learning*. London: NES Arnold/National Children's Bureau.

［15］Duffy, B. (1998) *Supporting Creativity and Imagination in the Early Years*. Buckingham: Open University Press.

［16］Early Education (2012) *Development Matters in the Early Years Foundation Stage*. London: Early Education. Available from www.early-education.org.uk and for download at http://www.foundationyears.org.uk/early-years-foundation-stage-2012/（accessed 20 December 2012）.

［17］Edwards. C. , Gandini, L. and Forman, G. （1998）*The Hundred Languages of Children*, *The Reggio Emilia Approach -Advanced Reflections*, 2nd edn. Westport, CT：Ablex Publishing.

［18］Elfer, P. （2006）Exploring children's expressions of attachment in nursery, *European Early Childhood Education Research Journal*, 14（2）：81-96.

［19］Fumoto, H. , Robson, S. , Greenfield, S. and Hargreaves, D. （2012）*Young Children's Creative Thinking*. London：Sage.

［20］Giudici, C, and Rinaldi, C. （eds）（2001）*Project Zero*, *Making Learning Visible-Children as Individual and Group Learner*. Reggio Emilia：Reggio Children srl.

［21］Holt, V. （2010）*Bringing the High Scope Approach to your Early Years Practice*, 2nd edn. London：Routledge.

［22］Harvard University Center on the Developing Child （2012）Serve and return interaction shapes brain circuitry. National Scientific Council on the Developing Child. www. developingchild. harvard. edu （accessed December 2012）

［23］Laevers, F. （2005）*Deep-level-learning and the Experiential Approach in Early Childhood and Primary Education*. Leuven：Katholieke Universiteit.

［24］Meadows, S. （1993）*The Child as Thinker*. London：Routledge.

［25］Rinaldi, C. （2006）*In Dialogue with Reggio Emilia*：*Listening*, *Researching and Learning*. London：Routledge.

［26］Robson, S. （2006）*Developing Thinking and Understanding in Young Children*. London：Routledge.

［27］Schön, D. （1987）*Educating the Reflective Practitioner*：*Toward a New Design for Teaching and Learning in the Professions*. San Francisco, CA：Jossey-Bass Publishers.

［28］Siraj-Blatchford, I. , Sylva, K. , Muttock, S. , Gilden, R. and Bell, D. （2002）*Researching Effective Pedagogy in the Early Years* （*REPEY*）, DfES Research Report RR356. London：DfES.

［29］Siraj-Blatchford, I. （2008）Understanding the relationship between curriculum, pedagogy and progression in learning in early childhood, *Hong Kong Journal of Early Childhood*, 7（2）：3-13.

［30］Trevarthen, C. （1988）. Universal co-operative motives：how infants begin to know the language and culture of their parents, in G. Jahoda and M. Lewis （eds）*Acquiring Culture*：*Cross Cultural Studies in Child Development*. Beckenham：Croom-Helm.

［31］Trevarthen, C. （2006）"Doing" education - to know what others know, *Early Education Journal Summer 49*, London：Early Education.

［32］Vygtosky, L. （1978）*Mind in Society*：*The Development of Higher Psychological Processes*. Cambridge, MA：Harvard University Press.

［33］Whitebread, D. （2012）*Developmental Psychology and Early Childhood Education*. London：Sage.

第六章

通过观察、评估与计划
支持幼儿的学习

朱迪思·史蒂文斯/**文**

王智莹/**译**

本章探讨的是观察、评估和计划的周期,以及如何利用这一框架支持与扩展幼儿的学习。这一框架也有助于我们反思形成性评估、终结性评估的一般原则。

本章聚焦于如何在评估中体现《法定框架》所强调的幼儿有效学习的特征——《早期基础阶段儿童发展档案》的关注点也发生了转变,从只是关注幼儿学什么转向关注他们怎么学。《法定框架》(DfE,2012b)要求早期教育工作者评估儿童的发展并在两个时间点上与家长分享儿童的成长报告:一是幼儿24~36个月时主要发展领域的发展情况(2岁时的发展监测);二是幼儿在早期基础阶段结束时,即5岁最后一个学期的成长档案。此外,父母参与儿童发展评估的重要性也再次被强调。总的来说,这一章要表达的重点是早期教育要以儿童为中心,要基于对儿童当前学习兴趣的评估灵活设计教育活动。

自2012年9月修订《法定框架》以来,一些专业人士就对框架中重申关注儿童怎么学与关注他们学什么同等重要感到困惑。早教

工作者似乎被分成了两种流派：一些人不明白《法定框架》为什么如此小题大做，因为他们在实践中一直都关注儿童学习的过程；另一些人则不确定这种评价导向的改变对他们意味着什么。

《法定框架》段落1.10中指出：在规划和指导儿童活动的过程中，从业者必须反思儿童是如何学习的并在实践中体现对儿童学习方式的重视。有效的教与学的三个特征是：

- **游戏与探索**——儿童调查和体验事物，并"去做/去尝试"。
- **主动学习**——儿童专注，即使遇到困难也继续努力尝试，并享受成功。
- **创造性和批判性思维**——儿童有并愿意拓展自己的想法，建立观点之间的联结，掌握做事情的策略。

一般来说，从起点出发是个不错的选择，但也别忘了先了解一下"全景图"（big picture），即观察、评估和计划的周期以及支撑这一过程的基本原则。

《发展指南》第三页的图（Early Childhood，2012，见图6.1）清晰地展现了观察、评估和计划的全过程，出发点就是儿童，整个过程的中心也是儿童。观察是所有评价和计划的起点。

观察：描述正在发生的事情。

评估：分析观察结果并判断我们可以了解关于儿童的哪些信息。

计划：下一步做什么？基于观察和评价改进：经验和机会、室内和户外的学习环境、常规、课程资源和教师角色。

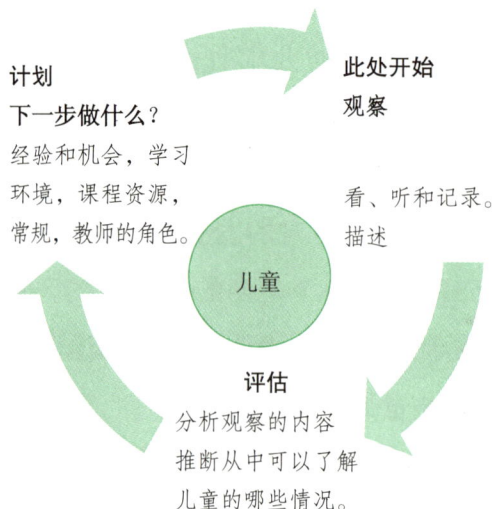

图6.1　观察、评估和计划周期

资料来源：英国教育部（Early Education，2012）（根据公开的政府许可条款转载）。

当我们考虑如何在观察、评估和计划的过程中反映幼儿有效学习的特征时，我们有必要先区分一下形成性评估和终结性评估。

- **形成性评估**(或叫作"为了学习的评估")——评估是教学的一部分，目的是支持教与学。

- **终结性评估**——是对形成性评估的阶段性总结，它会对儿童的成就做出陈述。

这个观察、评估、计划的周期通常被理解为一种书面的观察和评估，用来为第二天或下一周的计划提供参考。但是，正如《学习、游戏和互动：早期基础阶段的优质实践》(*Good Practice in the Early Years Foundation Stage*，DCSF，2009，p. 23)中所指出的那样，我们需要思考如何在日常活动中随时应用这个观察、评估、计划的过程：

> 然而，婴儿和幼儿的学习与体验都是发生在当下的，他们不会把问题储存起来等到第二天或下个星期。有经验的教师会抓住儿童那个充满好奇心、困惑、努力或兴趣的时刻，把它作为"教育契机"。要能随时随地应用这个评估过程，随时关注儿童个体(观察)，思考儿童行为背后的思维过程是什么(评估)，并随时准备回应，在适当的时候使用适当的策略来支持他们的健康和学习(下一刻的计划)。

6.1　有效进行观察、评估和计划的基本原则

所以，我们要做的第一件事是把儿童放在观察、评估和计划过程的中心。我们需要去观察儿童，分析我们的观察，做计划时需要基于儿童已经知道的和能做的去支持他们的学习。我们需要记住的第二件事是，观察、评估和计划不应该产生堆积如山的文本材料。第三件事是，这一过程不应该削弱教育的核心目标，即扩展儿童的学习、与儿童互动并提供适当的挑战和支持。《法定框架》的第2.2条明确规定：评估不应该造成与儿童互动的长时间中断，不需要过多的文字工作。除非是对儿童的成功学习与发展必不可少，否则应限制文字工作。第四个关键原则是家庭需要参与观察、评估和计划的过程，而不仅是在

关键阶段结束时收到一份总结性评估报告。《法定框架》实践卡片 3.1 中再次强调了这几项基本原则（DCSF，2008），它提醒我们，儿童应该成为所有观察、评估和计划的起点，家庭应该参与其中：

从儿童出发

- 观察儿童了解他们的需要、他们对什么感兴趣以及他们能做什么。
- 注意儿童在不同情况下的反应。
- 分析你的观察，关注儿童取得的成就或需要成人进一步支持的地方。
- 让家长参与到持续的观察和评估过程中。

如果实践中能始终遵循这四个基本原则，那其他的一切都会顺理成章。教师不应该被形式主义和文字工作所累，观察的重点也不应该是儿童学会了什么。如果学前班的教师需要在期末为一年级的教师提供一份"学生评语"，那么这份评语就一定要反映学生在整个早期基础阶段的表现。为了给 2013 年的修订做准备，2012 年夏季对《早期基础阶段儿童发展档案》试点研究的结果发现，许多学前班教师认为这份评语是最具有挑战性的。作为专业工作者，如果我们还只是关注儿童学到了什么，对儿童是怎么学的没有清晰的认识和了解，那么显然落实《法定框架》还有很长的一段路要走。

如果我们想要对儿童是怎么学习的做一个清晰的总结，那么观察他们的学习方式就需要成为日常实践的核心。一些地方政府对此给予高度重视。例如，沃金厄姆区议会（Wokingham Borough Council）针对幼儿 2 岁时的发展监测给出了专业的报告形式和指导——"我 2 岁了，我能做的事"。一个跨专业的工作小组提出幼儿 2 岁时发展监测不仅应该包括三个主要的发展领域，还应该包括对幼儿有效学习的特点的评价。此外，"我 2 岁了"已经成为支持早期基础阶段从业人员的实践配套材料的一部分，指导从业人员基于观察做出幼儿发展评估，也为早期基础阶段结束时的终结性评价做准备。

这些材料都强调了对有效学习的特点进行观察评估以及鼓励家庭参与评估过程的重要性。例如，父母可以为幼儿评估提供如下信息。

独一无二的儿童：我 2 岁了，我能做的事

分享时刻：

当您的孩子处于 2~3 岁的时候，您会被邀请作为父母/监护人来庆祝您的孩子在家里和机构所取得的一些成绩。

尽管在这个阶段邀请您来分享信息是政策对早期教育机构的要求，但我们希望能得到您的支持。

我们这里所分享的信息可以作为您的健康顾问在两年内所做的回顾、总结的补充。

我们希望您能告诉我们：

- 您的孩子喜欢做什么？
- 您的孩子正在学习什么或学过什么？
- 孩子有没有任何新单词/句子，或新的交流方式？
- 孩子有哪些特定的兴趣或对什么着迷？
- 您的孩子探索、学习和玩耍的方式是什么？
- 其他任何您想要分享的关于您孩子的事情。

6.2　观　察

如果对幼儿的观察是观察、评估和计划过程的核心，那我们就需要了解它在实践中是如何操作的。执行者可能会使用多种格式来记录他们所看到和听到的幼儿的行为。其中一些观察可能是长期、有计划的观察，但目前越来越流行那种更"自然发生的"、针对重要成就的关键时刻所进行的简短的观察。

有时我们会过于关注"学习的目标"，以致错过了身边发生的更有意义的学习。我们可能正忙着观察儿童把他们在晾衣绳上的号码牌按照0~10的顺序排列，因为这是教师计划的一部分，为此我们忽略了他们是如何完成这个过程的，我们可能错过：

弗拉维娅：把数字卡片堆起来，然后从数学学习区拿来另一套卡片，并匹配数字：把2和2、3和3放在一起，然后把所有卡片都重新打乱，把它们分给小伙伴们。

瑟奇：把卡片按偶数和奇数分成两堆，走开后仍喊着"2、4、6、8，我们更喜欢哪个数字？"

夏洛特：一边唱着"床上有10个小朋友"，一边把卡片排成一行，然后打电话给沙琳"带着宝宝们来和我一起玩床上有10个小朋友的游戏吧"。用了20多分钟将卡片钉在一起，把它们排成一排，把玩具一一配对，唱着和笑着。

里法特：挣扎着用衣夹把卡片固定在晾衣绳上。用力拧着衣夹，用双手练习打开和关闭，并看着其他孩子。看着卡片仍然固定在绳子上，他们一起边走边笑。

麦洛：最初他拒绝参加这个活动，但过一会儿当老师和其他幼儿离开的时候他又回来了，看着这些卡片，把4号牌放在7号和8号之间的线上，说"4，我4"。

我们可以看到，如果只关注自己的教学计划，教师可能就会错过学习和发展的其他领域，里法特的身体发展，夏洛特的表现艺术，瑟奇的自我、社会性和情绪发展。此外，关于幼儿如何学习的更重要的信息也会被遗漏，如果我们更仔细地观察，就可以发现我们能够对幼儿的学习方式进行评估：

弗拉维娅：弗拉维娅思考和学习的方式——关于如何使用资源并将其付诸实践"有自己的想法"（创造性与批判性思维）。

瑟奇：在他的学习中思考并"建立联结"——与本周早些时候学习的"数偶数"的活动相联系（创造性与批判性思维）。

夏洛特：夏洛特受自我设定的目标的驱动——长时间地"投入与专注"（主动学习）。

里法特：活动中的动机——"不断尝试"及"享受目标达成后的成就感"（主动学习）。

麦洛：起初不情愿，但最后麦洛还是参与了活动，愿意远离小组之后"发起行动"（游戏与探索）。

因此，那些真正观察和倾听幼儿的人，睁大眼睛、竖起耳朵，能发现很多关于幼儿是如何学习的以及他们在学什么的信息，但前提是环境和活动本身有一定的灵活性和开放性。他们可以看到幼儿在游戏与探索（参与）、主动学习（动机）、创造性与批判性思维（思维），简言之，观察他们是如何表现出有准备、有毅力和有能力地去学习的。

想想那个有趣的"隐形大猩猩实验"（Invisible Gorilla Experiment，Chabris & Simons，2011）。观察者在观察视频片段的过程中，被要求专注于一个特定的任务——计算传球的次数。一个穿着大猩猩服装的人走到球场上，然后又离开了。大约有一半的观察者如此专注于他们的计算任务，以至于他们完全忽略了"大猩猩"。同理，教师也可能如此专注于他们想要的东西或者期望观察到的东西，以至于没有注意到在室内和户外发生的真正的学习，我们需要记住：

- 观察儿童是日常活动的自然组成部分；
- 解释儿童的行为和语言，试图理解他们的思维和学习；
- 对儿童的思维和学习保持敏感性，以此决定何时去互动，以及何时该鼓励儿童的独立活动；
- 加入游戏和儿童发起的活动，跟随儿童的节奏；
- 通过对话、讨论策略和想法、建议可能性和示范等方法支架儿童的学习；
- 基于观察到的儿童的兴趣、学习和发展现状，提供简短、精心规划的学习机会。

（DCSF，2009，p. 27）

当我们回应儿童的个别活动，并接受他们的邀请成为他们的玩伴时，我们可以更深入地做参与式观察并注意到游戏过程中的一些关键事件。

> **塞巴斯蒂安：**我们会看到塞巴斯蒂安是如何关注到卵石上的花纹，然后开始收集一些卵石放在小桶里，和老师以及同伴们一起在户外的区域寻宝。我们会看到他是如何表现出对物体的好奇心，用感官去探索周围的世界；发起活动；在一段时间内保持专注力；不容易分心；寻找新的做事方法，决定如何完成一项任务——**发现与探索，选择做事情的策略，**

> **享受自己要做的事情。**
>
> 　　**雷米：**我们会注意到，尽管雷米起初对自己搭起来的空盒子总是倒塌感到非常沮丧，他不断地尝试，从失败中学习，寻求同伴的帮助，找到了让地基更稳固的方法，失败再重来，直到最后搭建成功。我们注意到他把搭盒子的经验迁移到户外搭箱子的游戏中。我们会发现他对特定的事情表现出兴趣；寻求挑战；表现出一种"我能行"的态度；注意细节；遇到困难时能够坚持；从沮丧中重新振作；找到解决问题的方法，根据需要调整策略——**发现与探索，选择做事情的策略，享受自己要做的事情。**
>
> 　　**瑞玛：**我们会注意到，瑞玛从创意工作坊收集了一些空盒子，包装纸、绳子和丝带，并用不同的方式来包装"包裹"，制作标签。我们会看到她在做手势，邀请朋友参加"派对"，在草地上野餐，玩"包裹传递"和"音乐屁股蹲"游戏。我们会发现她是如何将过去的经验迁移到与同伴的游戏中，如何在表演游戏中承担一个角色；通过试误学习；在一段时间内保持对某项活动的专注力；高度活跃，着迷于当前的活动；提出一些想法并反思方法是否有效——**发现与探索，选择做事情的策略，享受自己要做的事情。**

　　教师，创造了一个学习环境，在其中重视儿童是如何学习的以及他们正在学习的东西，由此能够做出有意义的、重要的观察，从而支持有效的评估和影响正在进行的计划。

6.3　评　估

　　评估就是根据对儿童的观察和其他途径的了解来判断儿童的兴趣、当前学习的焦点、思维方式、情绪反应和发展水平。简言之，评估涉及教师对儿童的学习做出基于证据的判断。

　　《法定框架》要求早期教育工作者回顾儿童的发展进步，进行两次评估并和父母分享总结：一次是在幼儿 2～3 岁，对幼儿的基础领域发展情况进行概述（2 岁发展监测）；一次是在幼儿年满 5 岁的最后一个学期对幼儿进行评估（《早期基础阶段儿童发展档案》）。

评估在帮助父母、看护者和教师认识儿童的进步、了解他们的需求、做活动计划和提供支持方面起着重要的作用。持续的评估(也称为形成性评估)是学习和发展过程中不可缺少的一部分。它包括早期教育工作者观察儿童,了解他们的成就、兴趣与学习方式,然后为每个儿童塑造学习经验。教师与儿童的互动应该基于自己对儿童发展的日常观察以及父母和看护者分享的观察。

(DfE, 2012b, 2.1)

法定的评估

两岁时的发展监测

幼儿2~3岁时,早期教育工作者需要回顾他们的发展,并为家长或看护者提供幼儿主要发展领域的发展概述。

在主要发展领域之外,早期教育工作者可以决定还要补充哪些内容以反映幼儿的个别化需求和发展水平(DfE, 2012b, 2.3~2.4)。

英国儿童局的非法定指导大纲对2岁时的发展监测作了如下解释:

●发展监测应该由一个熟悉幼儿的专业人士在机构中与幼儿直接互动的过程中完成,一般来讲,这个人应该是儿童成长的关键他人;

●持续的观察评估应该作为日常保教实践的一部分;

●应该评估幼儿在日常活动中一贯、独立表现出来的技能、知识、理解和行为发展水平;

●评估中要考虑到父母的观点和贡献;

●评估中要考虑其他从业者以及相关地点与幼儿一起工作或玩耍的其他人士的观点;

●使幼儿能积极地参与到评估的过程中来。

(NCB, 2012, p.3)

尽管《法定框架》没有规定2岁时的发展监测中一定要有关于幼儿有效学习特征的内容,但早期学习的非法定指导大纲中给出了这样的例子(NCB, 2012, p.27),其他一些地方的文件,如我们前面提到的沃金厄姆区议会的"我2岁了"的指导文件也提供了类似的样例。

下面是与家长合作完成的一段内容丰富的评估案例，它捕捉了 2～3 岁幼儿有效学习特征的一个"快照"。

我是独一无二的——肖恩

游戏与探索

发现与探索；将过去的经验迁移到游戏中；愿意发起行动。

主动学习

投入与专注；享受他们所做的事情；不断尝试。

创造性与批判性思维

有自己的想法；建立联结；选择做事情的策略。

肖恩非常渴望探索学校的所有角落——从室内到户外。他有一种真正的"我能行"的态度，并且喜欢挑战他的体能——他最近在看了大孩子的攀爬动作之后开始自己尝试如何爬到顶，他不断尝试直到可以用双腿爬上去。肖恩最喜欢的活动之一是用水和大刷子作画，他热衷于从事这种开放式的活动，并长期专注于此。他发现水龙头很难打开，但却一直坚持去开。

我是独一无二的——卡拉

游戏与探索

发现与探索；将过去的经验迁移到游戏中；愿意发起行动。

主动学习

投入与专注；享受他们所做的事情；不断尝试。

创造性与批判性思维

有自己的想法；建立联结；选择做事情的策略。

卡拉真的喜欢小的东西，她把它们捡起来，放在她的手指之间把玩。当她在户外时，她喜欢收集树枝、鹅卵石和树叶。最近，她喜欢把这些放在一个特殊的平底锅里，用娃娃家的木勺在锅里搅拌，她已经开始给最喜欢的朋友或她的关键他人做"晚餐"，假装树叶和树枝就是食物，并在游戏中扮演角色。此外，卡拉非常渴望自己能穿脱衣服，即使她很难自己穿上鞋子，也会坚持尝试。

《早期基础阶段儿童发展档案》

《早期基础阶段儿童发展档案》(DfE，2012a)是在幼儿年满5岁的最后一个学期完成的。该档案为家长和看护人、从业者和教师提供了一个关于幼儿知识、理解与能力发展的全面概述。评价者要评估幼儿在17个早期学习目标(Early Learning Goals)上的发展水平——达到了预期发展水平、超出预期发展水平或没有达到预期发展水平。除此之外，评价者还需提供一个简短的评论，从有效学习的3个关键特征分析每个儿童的技能和能力。

对有效学习的特点进行有价值的评论可以总结出儿童在学校中学习的方式，同时也反映了家长对儿童在家中学习的看法。当家庭成员参与讨论儿童如何在整个早期基础阶段进行学习时，就很有可能以有意义的方式对评估做出贡献。

查兹，4岁11个月

《法定框架》：有效学习的特征。

游戏与探索

发现与探索；将过去的经验迁移到游戏中；愿意发起行动。

查兹在户外游戏时有一个独特的兴趣，最近他经常主动邀请朋友们一起玩角色扮演的游戏。他最爱扮演的角色是"梅林"①，他把树枝当作"魔杖"，从自然物中收集一些"魔法药水"，假装这些物体都有魔力。

主动学习

投入与专注；享受他们所做的事情；不断尝试。

当查兹选择了"混合药剂"的"施法"或"救援任务"时，他能在这项自

---

① 英国神话中的传奇魔法师。——译者注

己喜欢的活动中保持较长时间的专注，不被他人所干扰。查兹喜欢为自己和同伴设置一些挑战，最近他使用轮胎、毯子和原木，在"河"上建造一些"垫脚石"。在这项他自己设置的有挑战的任务中他表现出很好的坚持性，并在实现自己目标时表现出极大的满足感。

创造性与批判性思维

有自己的想法；建立联结；选择做事情的策略。

查兹开始在他的学习中建立联结。最近他试图移动一个装满泥巴的建筑工人的桶。他无法用自己的力气移动它，然后他坐下来，观察了几分钟之后他把一些泥巴倒进盒子里，移动一段距离后再把泥巴倒回来填满水桶，预测会发生什么，验证他的想法并解决遇到的问题。后来他改变了策略，他请朋友帮忙把桶放在一个有轮子的玩具上面推着走。

美兴，5 岁 8 个月

《法定框架》：有效学习的特征。

游戏与探索

发现与探索；将过去的经验迁移到游戏中；愿意发起行动。

美兴在室内和户外都参与不同类型的活动，她对角色扮演和富有想象力的游戏特别感兴趣。美兴花了很多时间扮演"妈妈"，用布娃娃做她的双胞胎女儿，和她的两个亲密的朋友 H 和 K-L 一起玩她的主题游戏。此外美兴对她喜欢的人非常感兴趣，她总是满怀信心地向他们询问，询问他们的家人，他们住在哪里，他们在做什么。

主动学习

投入与专注；享受他们所做的事情；不断尝试。

美兴对小东西很着迷，尤其喜欢在干沙中发现小东西——她喜欢筛选"金块"和"宝藏"，用镊子把宝藏搬到宝盒里。有时能把注意力集中到这个活动上很长时间。美兴在她的一项爱好中注意到非常小的细节：将亮闪闪的、发光的物体固定在小卡片上来制作贺卡。她最近发现了如何制作一个"弹出式"卡片并坚持尝试，当她第一次连接弹出装置时遇到了挑战，她使用了胶带来固定卡片，当卡片打开并成功弹出时，她非常满意。

创造性与批判性思维

有自己的想法；建立联结；选择做事情的策略。

美兴能够花很长的时间去观察其他孩子，看他们做一些新的或不寻常的事。她经常冒出一些新点子或创意，例如，当她制作的家庭故事画太长，无法在一页纸上用 8 幅图画展示的时候，她就制作了一个"双折"的书。这是她第一次尝试这个想法，她先试着折书页，直到她确信找到了制作"双折"书的方法时她才开始动手固定图片和书页。然后她向她最好的朋友 H 展示如何制作这本书。当她尝试去装订这本书但没有成功时，她找到了 C——她的关键他人——寻求支持，她知道自己不能在所有的页面上使用胶带，在和 C 一起工作了很长一段时间后，最终做了一本"没有装订"的书。

6.4　计　划

提前几周做好的计划不可能预想到一组幼儿在一个寒冷的早晨会对蜘蛛网感兴趣，也不会想到某个幼儿突然喜欢用一个蓝色的小桶运一些小东西。然而，正是这些兴趣可能会带来一些深入的学习。因此，计划应该具有足够的灵活性，以适应周围发生的变化。

(DCSF, 2008, p. 12)

计划包括决定接下来要提供什么以支持儿童的学习。根据早期教育工作者从评估过程中发现的关于儿童的有效学习的信息，有效的计划应该包括那些能支持与拓展儿童学习的各种互动方式。

有效的计划应该：

- 确保幼儿喜欢学习并得到有效的支持；

- 给幼儿机会去探索想法、资源、经验；

- 具有发展适宜性；

- 是教师的工具包(tool kit)，支持而不是限制教师。

早在 2001 年，英国教育质量标准局(QCA)就强调了关注儿童是如何学习的重要性：

> 儿童在一个充满活力、有目的、充满挑战和支持的学习环境中接受教育，这是培养自信和成功的学习者的最佳机会。有效的学习环境不是静态的，它需要教育工作者和父母一起工作、思考、谈论如何为提升儿童的学习而制订计划。好的计划是使儿童有效、愉快的学习，发生改变与进步的关键。好的计划还使教育工作者获得关于儿童如何学习和进步的专业知识，以及思考和讨论如何维持一个良好的学习环境。
>
> (QCA，2001，p. 2)

教育工作者需要确保计划在一段时间内涵盖学习和发展的七个领域，但最关键的是计划要有助于创建一个丰富的、充满活力的学习环境以支持儿童自己的兴趣和有效的学习，其特点是室内和户外的环境能激励和吸引儿童，支持他们思考的方式，帮助他们发展自己的学习"工具包"。

一个精心计划的环境应该包括以下内容：

- 开放式的可访问资源，即材料可以以多种不同的方式使用。例如，两组不同大小的木块，它们合在一起，会给儿童更多的选择，而不是复杂、却只能以一种方式搭建在一起的建筑工具包。

- 资源应该支持儿童当下的兴趣与热情。如果一组儿童被超级英雄吸引，那么可以通过提供开放的资源支持儿童的兴趣，这些资源可以是超级英雄的斗篷，或者超级英雄的漫画或图片。

- 可以用不同的方式来使用空间，这样儿童可以将空间和他们的学习建立联系。一成不变的区域划分是有局限性的，可以采用诸如在室内外提供地毯、软垫等方法，让儿童可以自己设计学习区域和空间。

- 安静的、看起来平和的区域。要想控制噪声水平，教师需要降低自己的音量，而不是压过儿童的声音。确保儿童在户外有大量的空间和时间来玩闹和做一些身体活动，但同时户外也要有安静、让身心平静下来的空间。

- 环境中有儿童熟悉的、最喜欢的资源，但也定期地更换新奇的、不常见的资源让儿童去调查和探索，特别是那些与他们当前兴趣有关的资源。
- 有激发儿童好奇心和内在动力的资源，促进儿童的深度参与。
- 建立灵活的常规，确保幼儿有机会深入参与到"出去玩"的游戏中去。
- 让幼儿在一段时间内重新审视活动。例如，在可能的情况下，让大型建构活动持续几天，而不是在每一次活动后都进行材料"整理"，下一次需重新搭建。

成人发起的活动

正如《法定框架》所规定的，早期教育工作者需要判断和平衡儿童发起的活动与成人发起或主导的活动（DfE，2012b，p.1.9）。

> 成人发起的活动应该以儿童当前的兴趣为基础。然而，成人发起的活动也需要计划，因为熟悉儿童的成人有充分的理由预期儿童会参与到这些活动中。年幼的儿童需要先参与一些活动，获得初步的经验之后才有可能重复该游戏，或发展自己的版本或玩法。最好的计划是灵活的，儿童可以自己决定一些细节，成人也可以对实际执行过程做出及时反应。
>
> （Stevens，2012，p.2）

当计划一些成人发起的活动时，教育工作者需要确保活动能激发和吸引孩子参与——开放式的活动将给儿童更多的机会去寻找自己的方式来表达和发展自己的想法，而不是简单地复制或模仿别人。

剑桥郡自主学习项目（Whitebred et al.，2008，见第二章）发现一些儿童在各种情况下都能表现出有效学习的特点，但在某些情况下有效学习最为常见，分别是：

- 儿童发起的活动(设定个人有意义的目标和挑战)；
- 在无人监督的小组中工作的机会(自主学习；独立解决问题)；
- 在广泛的合作和讨论中(讨论学习过程；明确地制定策略和决策)。

那么，教育工作者应该反思儿童是否每天都有参与到这些活动中去的机会。有效的计划应该包括成人可以做的具体的事情(提供积极的关系和支持的环境)，对个体的学习方式给予特别关注。

想一想，教师可以如何为一小组儿童计划一个成人发起的活动。一个常见的方法可能是计划一个特定的活动，它同时提供了评估的机会。例如，教师根据对儿童的观察计划了一个活动，活动目标是"点数到 3 或 4"。基于儿童对于韵律方面的兴趣，教师提供了 5 个绿色斑点的青蛙，一块木头和一些用纸做的"睡莲叶"。儿童参与到活动中，有些儿童能点数 3 ~ 4 只青蛙。教师观察并评估幼儿在某一个学习与发展领域的表现。

再想一想，这样的活动有什么问题，我们可以如何避免这些问题呢？假如幼儿对"5 只斑点蛙"的儿歌感兴趣，那么就可以把各种各样的青蛙收集起来——木头的、织物的、塑料的、不同形状、大小和颜色，把它们放在柳条筐里，旁边还有原木和其他一些天然的材料。观察孩子们是如何调查和探索资源的。请注意，可以观察儿童的点数能力，但也要注意其他方面。这些观察结果不仅能看出儿童在数学方面的成就，还展示了他们如何解决数学问题，以及他们是如何学习的：

萨比哈： 观察一下萨比哈在对青蛙进行分类时所使用的描述和比较的语言，注意她用了哪些词来比较她所创造的集合的大小，"有更多的绿色青蛙，有几百万，不，不是几百万，1，2，3……11。"还请注意，她是如何把青蛙归类的，最初是按材质分的，然后意识到这太复杂了，开始按大小，最后按颜色：绿色的，和不是绿色的。他做计划、决策自己如何完成一项任务、解决一个问题或达成一个目标。

艾迪： 观察一下艾迪是怎么将青蛙排列并计数的，然后他把它们都扔到空中，试着在它们落地的时候进行计数。当他念到 7 时，注意到他满意的表情"那是我的哥哥，他 7 岁了，圣诞节后我也 7 岁了。"他做出预测，不断尝试，显示出一种"换一个方法也许会有效"的信念。

在上述两种成人发起的活动中，教师都有机会去观察和评估儿童在数学方面的成就，但其中一个是僵化的，可能会限制儿童的成就，另一个则让儿童有机会展示自己知道什么、能做什么以及他们是如何学习的。观察的内容越丰富，评估得就越准确。相应地，我们提供的计划才更有可能支持儿童的有效学习。

通过计划提升环境准备质量

观察儿童学习的方式是教育实践的一部分，也是教师做计划以提高教育质量的一种途径。例如，当教师观察到儿童在娃娃家"将过去的经验迁移到游戏中"时，可以支持他们的学习。

教师可以提供如下支持（支持的环境）：

● 提供组织良好的、可访问的、开放的资源，这些资源可以以不同的方式使用。除了用塑料熨斗、塑料杯、用电池做的弹出式烤面包机和特制的衣服外，还增加了"真正的"厨房用具——汤匙，舀子，烧烤用具来进行搭配使用。增加了一些有趣的织物，如迷彩面料、轻薄面料、网眼纱、亮闪闪的面料，或考虑在短时间内增加一堆鞋子和鞋盒，或者帽子。

● 挂一个数码相框在墙上，展示一些儿童真实经历相关的照片——他们去农场和超市的照片；做消防员和动物园工作的家长来到学校的照片；去附近地区散步的照片等。让幻灯片保持不断更新的状态，还可以挂一些静态的、不同家庭的照片。

教师可以像下面这样做（积极的关系）：

● 作为一个幼儿娃娃家游戏的玩伴，敏锐地抓住时机贡献自己的想法和游戏主题。扮演一个角色——叛逆的青少年、忙碌的妈妈、或从国外来的奶奶。带入你自己的经验，也要支持幼儿去表达他们自己的经验。

● 用不熟悉的方式来使用物体，假装它是别的东西——用一个盒子作为水桶来拖地板，或者假装一个婴儿车，使用木块作为平板电脑、游戏控制台或手机——通过它被使用的方式让幼儿知道你在用它替代什么。

●支持但不控制幼儿的游戏：如果他们是在扮演以利亚叔叔的游戏，可以和他们讨论他们在做什么，或者恰当的时候问一些开放式的问题来扩展他们的经验，"我在做茶饼，因为这是我最喜欢的食物，叔叔，你有最喜欢的糕点吗?"

总之，这一章探讨了以下重点内容：

●让儿童处于观察、评估和计划过程的中心；

●避免繁杂的文字工作，记录儿童重要的学习——包括他们是如何学习的以及利用这些信息来制订计划；

●花费尽可能多的时间与儿童互动，扮演角色，提供挑战和扩展他们的学习；

●让家庭以有意义的方式参与到这个过程中——特别是了解儿童在家中是如何学习的以及他们当下的兴趣点。

参考文献

[1] Chabris, C. and Simons, D. (2011) *The Invisible Gorilla*. New York：HarperCollins.

[2] DCSF (Department for Children, Schools and Families) (2008) *The Early Years Foundation Stage*. www. foundationyears. org. uk/category/library/publications/ (accessed 15 December 2012).

[3] DCSF (Department for Children, Schools and Families) (2009) *Learning, Playing and Interacting：Good Practice in the Early Years Foundation Stage*, 00775-2009BKT-EN. http：//www. foundationyears. org. uk/ category/library/national-strategies-resources/page/11/ (accessed 22 December 2012).

[4] DfE (2012a) *Early Years Foundation Stage Profile Handbook 2013*. http：//www. foundationyears. org. uk/ early-years-foundation-stage-2012/(accessed 20 December 2012).

[5] DfE (Department for Education) (2012b) *Statutory Framework for the Early Years Foundation Stage：Setting the Standards for Learning, Development and Care for Children from Birth to Five*. http：//www. foundationyears. org. uk/early-years-foundation-stage-2012/ or www. education. gov. uk/aboutdfe/statutory/g00213120/eyfs-statutory-framework (accessed 1 January 2013).

[6] Early Education (2012) *Development Matters in the Early Years Foundation Stage*. London：Early Education. www. early-education. org. uk and for download at http://www. foundationyears. org. uk/early-yearsfoundation-stage-2012/ (accessed 20 December 2012).

［7］NCB（National Children's Bureau）（2012）*A Know How Guide：The EYFS Progress Check at Age Two.* http：//www. foundationyears. org. uk/earlyyears-foundation-stage-2012/（accessed 22 December 2012）.

［8］QCA（2001）*Planning for Learning in the Foundation Stage.* London：QCA. https：//www. education. gov. uk/publications/eOrderingDownload/QCA-01-799. pdf. pdf（accessed 20 December 2012）.

［9］Stevens，J.（2012）*Planning for the Early Years：Storytelling and Storymaking.* London：Practical Preschool Books.

［10］Whitebread，D. with Dawkins，R.，Bingham，S.，Aguda，A. and Hemming，K.（2008）Organising the early years classroom to encourage independent learning, in D. Whitebread and P. Coltman（eds）*Teaching and Learning in the Early Years*，3rd edn. London：Routledge.

第七章

诺兰德托儿所学习共同体的发展探析

克莱尔·克劳瑟/**文**

杨 帆/**译**

一段时间以来，"学习共同体"（learning community）一词在学校中已经变得司空见惯。最近，学习共同体在早期教育领域也越来越普及。该术语涵盖了一系列早期教育中心的日常教育实践。这可能包括家长联络小组的组建、参观社区或督导会议期间工作人员之间的反思性谈话。

在早期教育的语境中，"专业学习共同体"（professional learning community）这一术语通常指利益相关者共同致力于为儿童提供更多学习机会，这些利益相关者包括儿童的父母，以及与父母一起工作的从业人员。它描述了早期教育从业者、儿童及其父母一起工作和学习的各种方式。鉴于当前的政治和经济焦点，以及早期教育领域格局的改变，理解我们在创建、维护和促进我们所属和所主导的学习共同体中所担任的角色显得尤为重要。

本章将探讨诺兰德托儿所（Norland Nursery）学习共同体的发展，及其对我们的早期教育实践的影响。有效学习的关键特征（能力、毅力、兴奋）在我们发展和改变的过程中发挥了关键作用。

7.1　诺兰德托儿所案例分析

诺兰德托儿所开办于 2009 年夏季。该托儿所向儿童提供全天候的照护，共有 61 名从 16 周到 5 岁的儿童登记入托。该托儿所旨在为宝宝和幼儿提供最高水平的保育和最丰富的学习机会。

为了改进教师的教育理念，诺兰德托儿所鼓励员工通过个人成长和专业学习不断反思自己的教育实践。该理念源于福禄贝尔（Froebel），并受到其他教育家和理论家的影响，如维果斯基、马拉古兹（Malaguzz）、艾希（Athey）和拉弗斯。

前面的内容让我们看到，成功的教育应该包括自由流动、工作坊的方法和一个情感支持的环境，儿童在混龄的小组中就像在家庭中一样得到照料。

在实践托儿所的教育理念的过程中，团队遇到了几项重大挑战，这对员工的身体、情绪和认知方面都提出了要求。员工意识到他们需要讨论、提问和反思，于是专业学习共同体开始出现。

在我看来，教育先驱克里斯·艾希（Chris Athey）很好地阐述了建构主义（constructivism）的基本理念和专业学习共同体的基本原则。她说："福禄贝尔教学法（Froebelian Pedagogy）和建构主义的主要价值以及上个世纪教育研究工作的主要体系其实是很简单的，那就是坚信每个学习者都会在共同体中做出贡献，并通过合作的方式来学习。"（2004，p. 11）

按照艾希的观点，利益相关者想要成为教育的主体，促进自己和他人的学习，以下方式的合作是必要的：

- 工作人员之间；
- 工作人员与父母之间；
- 工作人员与儿童之间；
- 父母与儿童之间。

作为托儿所的管理者，我的责任就是要支持上述合作关系。

众所周知，要建立一个学习共同体，管理者的作用很关键。实现教育愿景需要相应的策略、程序和步骤，为此管理者需要采取多元的方法（Jorde-Bloom，1992，p. 138）。

7.2　管理者在发展学习共同体中所扮演的角色

管理者经常被看作负责创建和维护中心愿景和精神的人，但我不认为这只是一个人的努力。我认为团队中每个成员在创建和维护我们的愿景的过程中，都能相互协作是很重要的，我所扮演的角色主要是促进和鼓励这种协作。

因此，在确定托儿所的愿景时，我们一方面要将理论与国际、国家和地方的实践结合起来；另一方面还要花时间反思我们自己的个人和专业经验，以及我们作为个人和团队所持有的核心价值观。

反思和研究使我们更加专注于教学的关键要素，作为学习共同体我们不断探索并将这些要素融入我们的教育实践。这些关键要素包括：

● 我们的教育质量如何；不断地追问高质量的实践到底是什么；我们应该如何保证和评估质量；

● 将儿童和家庭纳入课程中，考虑他们的背景和环境；

● 如何建立关系，最大限度确保情感安全、尊重、平等和权利；

● 如何确保所有利益相关者的民主权利；

● 托儿所的教学方法如何使婴幼儿的学习能够是最好的，最有效的以及如何为此提供更多资源；

● 了解儿童和我们自己的学习方式与特点，讨论我们如何保持对学习的"能力、毅力、兴奋"以帮助儿童成为主动的、有游戏力的、有创造力的思考者和学习者。

与大多数团队一样，我们的员工在技能、知识和理解力方面各不相同。在持续地讨论和愿景达成的过程中认识到这一点以及上述关键因素很重要，需要管理者针对不同人有不同的管理风格。管理风格应该有一定的灵活性，与情境相适应，更重要的是变革和共享（Law & Glover ，2000）。

7.3　共享领导力、管理权和决策权

这有时是一个非常具有挑战性的过程。目标是与工作人员团队建立合作关系，这种合作关系赋予了工作人员相关权力，进而赋予儿童及家庭相关权力。这种异质分层法（heterarchical approach，Marshall，1994）是管理的最高境界，能够指导我们的实践，实现我们希望的教育愿景。

然而，它对团队中的一些成员来说，也是一种挑战，因为他们多数只经历过一种传统的层级式的管理，认为领导是"全知全能"的。在团队协商寻求解决方案的过程中，让这样的员工去质疑和挑战那些拥有更高职位的人，他们会犹豫。

随着学习共同体的发展，一种新的关系逐渐形成，在这种关系中每个人都可以有自己的贡献。员工变得专业起来，开始把自己看作是他们自己的领导，大家朝着同样的目标努力：为儿童及其家庭提供最高质量的照护和教育。一种以参与、开放和信任为特征的文化开始发展。我们期望儿童获得的那些品质在工作人员身上得到了体现。他们在集体中感受到归属感，成为自主学习者。

随着团队的领导者追求"权力下放"（power for）而不是"权力集中"（power over），员工有了更多的自主权（Whalley，2006）。从这种思维方式和工作方式的转变中，人们认识到合作的力量是强大的。工作人员越来越投入于自己的工作，他们更愿意彼此合作。

维利（Whalley，2007）认为在潘·格林中心（Pen Green Centre）创建的学习共同体中：

- 儿童、家长和员工被鼓励成为优秀的决策者，能够提出质疑，提出挑战和做出选择；
- 在各方支持和监督下，员工有机会成为受过良好培训的，更具有反思精神的实践者。在这样的环境中，他们可以建立良好的关系，并且能感受到自我的价值和职业的价值；
- 员工可以顺畅地与所有利益相关者——儿童、父母、同事、社区、地方政府沟通；
- 父母成为孩子的"代言人"，开始与托儿所的工作人员分享他们是如何理解孩子在家里的学习。

上述这些因素在托儿所开始慢慢成为普遍现象，但我意识到，这仅仅是开始，员工还需要建构自己反思实践、创造性思维的能力。

7.4　培养员工队伍的创造力

学习共同体不同于传统的工作范式，在共同体中大家会产生新的想法，并有强烈的愿望去实现这些想法。现在许多早期教育机构已经开始创设一种让人们可以共同学习、尝试验证新想法的文化，以便促进儿童的学习、提升机构的服务质量。我正是希望能促进这样的学习方式，鼓励大家有新的想法。

我意识到，提高儿童的学习能力需要整个团队的共同努力。我们一起创设一个具有丰富资源和回报性的学习环境，鼓励儿童按自己的节奏学习。在儿童游戏的过程中教师像研究人员一样在旁边观察，根据需要做计划，支持儿童的探索（Malaguzzi，1993）（例子详见 Crowther，2012，a，b & c）。以这种方式对儿童的观察让我们越发确信：我们对儿童发展的整体规划，而不是只针对课程的规划，能帮助儿童成为自控的学习者。我们发现当儿童在学习中有很高的主动性的时候，他们的满意度和参与程度也要更好一些（Laevers，1997）。

这正是我一直努力在托儿所教师团队中试图培养的创造性思维，这种思维可以激发孩子们对学习的热情，培养他们的参与感和满足感。

鼓励员工对自己抱有较高的期望，并对自己的学习负责，这自然会带来员工在实践中更好的反思以及知识水平和专业理念的提升。从督导会议期间的反思性对话和教师焦点小组的自发讨论中都能清楚地看到教师的变化。

7.5　营造开诚布公的对话氛围

建立这样一个学习共同体可以说是痛并快乐着的，因为维护这种工作方式需要精力、专注力和热情，当然最重要的是沟通。托儿所的学习共同体内已经慢慢形成了沟通策略并逐渐成为一种文化，在这种文化中挑战他人和质疑他人是被接纳的。

我们已经建立了一种主体意识，每个人都理解并认可我们这种工作方式的价值，并且可以开诚布公地讨论。随着不同利益相关者都参与到学习共同体中，成员们可以通过反思性对话，寻求协作合作。

这种开诚布公的文化参与者可以在安全的环境中进行辩论，这种对话反过来又促进了他们之间的交流、理解和彼此欣赏。在实现团队目标、接受挑战以及寻求解决方案的过程中，这种对话使得团队变得更有凝聚力。

一个非正式的策略就是进行"咖啡馆会谈"（Robbins，2001）。这种策略倡导体验式学习（Kolb，1995），并展现了一个学习过程的整体模型——这与我们看到的儿童有效学习的特征是一致的。咖啡馆会谈采用的是一种最简单的、没有会谈议程的非正式会谈形式。工作人员获得邀请而不是被强制要求参加。有趣的是，在这种自愿参与的方式下，工作人员的参与度比正式会议上的参与度还要高。环境的设置也让人感到放松和舒适——没有等级的、更为中立的空间，就像平时大家聚在一起喝咖啡一样，这提升了员工的幸福感和价值感。

议题可以在会谈之前确定，这样有利于确定邀请哪些人参加会谈。或者，也可以定期开展咖啡馆会谈，讨论一些一般性的问题。如学习环境的创设，政策和规章的落实以及我们对托儿所内目前面临的压力、关键事件的讨论。

平板电脑和社交媒体的使用有利于人们得到更多政策与研究的信息，丰富了会谈的内容。例如，在纳特布朗（Nutbrown，2012）发布了关于早期教育从业人员的报告之后，托儿所的员工利用社交媒体获取其他人对报告的看法和评论，随即在咖啡馆会谈中开展了反思性对话。这个过程让教师对自己的观点更有信心，也愿意在一些主要的期刊上发出自己的声音。经常开展这样的讨论能帮助教师更好地认识早期专业人员的角色。

参加咖啡馆会谈和反思性对话的团队成员能够从他人处得到肯定和问题的解决方案。他们能够在共同的实践中生成新的思维方式，创造性地开展工作，同时坚守托儿所的愿景和共同价值观。他们交流思想，探索前进方向，进行批判性创造和思考，并展现了主动学习的能力——投入与专注，坚持完成自己的目标并享受自己取得的成就。

7.6　贯彻理念，付诸实践

我们需要对期望达成的目标加以管理。众所周知，团队成员是否能有一系列共同的目标是衡量一个团队是否成功的关键指标（Rodd，2010）。在成为真正的学习共同体的过程中，我们需要将广阔的愿景细分为更小的、员工团队和家庭更容易实现的具体任务。

我们一方面要反思实践背后的基本原则，另一方面也要考虑政策规定的要求。我们最初是从托儿所教育愿景的一些核心要素着手，之后才慢慢加入了其他一些维度，因为这样才能保证团队工作有坚实的、深厚的基础。

我们关注的核心要素有：

- 关键他人和混龄小组；
- 学习环境；
- 儿童的一日常规。

在讨论这些问题的过程中，员工的个人想法和价值观很快浮出了水面，而且很明显，员工个人的价值观与专业价值体系一样对我们的实践产生了重要的影响。

由于员工的个人目标存在差异，所以彼此之间发生冲突的现象并不罕见（Vander Ven，1988），讨论并解决在儿童需求、教育过程、家园合作、学习环境与园所组织文化等方面个人观念与专业价值观之间的冲突变得迫在眉睫。作为一名管理者，我需要澄清专业价值观，但也需要确保个人价值观得到肯定和讨论，以避免不必要的冲突发生。

确认哪些是核心要素的过程也困难重重。我们的团队中教师获得职业认证的比例很高，但专业经验和成熟度不足。这让一些员工不知所措，他们甚至说"请直接告诉我们该怎么做就可以了。"

无论是在团队中还是在实践中，人们很容易基于过去的经验或熟悉的方案来解决遇到的问题（Hasenfield，1983）。然而，这不符合我们的愿景中所讲的创新性思维。因此，我们需要创造性地解决问题的方法才能促使团队成员提出一些新的想法。这样可以帮助员工看得更远，鼓励他们主动承担风险，尝试新的策略。下面我的三位同事讲述了这个过程对于他们的意义。

刚开园的时候我真的不知道如何在混龄小组中工作，婴儿不断扰乱年龄较大的孩子的学习，我觉得允许婴儿在整个托儿所中来回走动是不安全的。不按年龄分组对我来讲真的很有挑战。但是，现在一切都运转良好，很难想象这种混龄的方式还真的行得通，孩子们能够做出自己的选择和决定，相互学习并相互合作。这对于孩子和我们来说都是一种更加激动人心的工作方式。

对我来说，加入诺兰德的过程真的是一个非常陡峭的学习曲线，诺兰德对教师要求很高，但这很好，真的很好，因为我们一直在为孩子和家庭做最好的事情。很少有幼儿园能做到让你在周末带着班里的幼儿去伦敦观看艺术展，回到幼儿园之后鼓励你把所见到的创造性地融入课程中。我记得起初这是非常有挑战性的，因为我曾经接受的培训告诉我要为幼儿准备一个生日板并用固定的模板来装饰它，但是当我到了诺兰德以后，他们说模板抑制了孩子们的自然创造力，并给了我很多相关的书籍来启发我的工作方式。不久之后，受戈尔兹沃西（Goldsworthy）的启发我想办一场儿童作品的艺术展，我再也没有用之前的方式来做艺术展了。现在我的想法是儿童应该是活动的主导者，我提供支持。

我们做的都是些日常活动中的小事，但是非常重要。例如，我们需要考虑婴儿的感受，记录他们的所见所闻。当我们被鼓励以婴儿的视角来观察托儿所的时候，我认为这有点疯狂，但是当你平躺在地板上，世界看起来完全不一样了，所以说这真的很重要。有时人们会质疑为什么我们的关键他人的方法如此重要，但对我来说很简单，我不愿意一群陌生人来给我换尿布、喂我喝奶、哄我睡觉，那婴儿又怎么会愿意呢？

从最初直到今天，我一直都认为我们做出决策的质量会影响正在进行的工作的质量，从而影响员工的幸福指数和愿景的实现。通过榜样示范支持员工对教育理念的理解和他们的自主权的方法不仅发生在班级内的教学时间，也发生在班级外的团队时间和个人发展时间。为了实现教育愿景，在员工身上多做投入是必要且有效的。

7.7　团队时间和员工的个人发展时间

每5个班级组成一个小组，每周定期开会一次讨论上周的观察结果。这些观察可以用来做有目的的教育计划，计划一方面考虑如何扩展幼儿的知识和理解，另一方面也可以巩固先前的学习经验。

每一个小组都会有一个职位较高的员工充当领导的角色。他们汇总教师对儿童的观察，同时要确保讨论的内容涵盖了学习和发展的所有领域。他们抛出问题，组织讨论，也贡献自己的想法。他们提供一个专业成长的平台，指导教师改进实践。例如，当教师观察到幼儿对建筑和建造感兴趣时，小组的领导会组织整个团队的成员共同做计划，向不同方向拓展幼儿的经验。比如在技术教室里，孩子们用谷歌地球寻找他们自己的家及所在街道，然后用大大小小的积木块重新创建它们。在"发现室"的参观和郊游活动中，孩子们乘坐敞篷巴士游览，观看不同类型的建筑。在创意工作室学习做设计和建筑图纸。在参观本地的建筑工地后，幼儿把花园里的故事小屋变成了建筑工地的办公室。很快一些砖块被运到建筑工地，之后又弄来一台小型挖掘机。

计划时间还为员工提供了在团队内分享经验、获得丰富知识的机会，团队时间强化了大家对学习共同体基本原则的理解。

员工个人的发展时间也至关重要。随着儿童观察记录的完成，员工可以获得更多时间发展个人专业，他们可以反思自己的实践，独立做一些小的研究或者参与有督导和反思性对话的小组来实现专业发展。

7.8　为专业学习创造条件

员工个人发展时间和督导制度对托儿所专业学习共同体的成功形成起关键作用。为了提高员工个人发展时间的效率，我们需要创造条件让员工和家庭能够舒适地工作。让工作人员聚在一起并不容易，在托儿所的工作时间我们要尊重教师的角色和责任（不能随便叫他们离开工作岗位），同时我们也不想在教师已经高负荷工作的情况下占用他们的非工作时间，这意味着员工个人发展时间需要精心的安排。

7.9　员工凝聚力

在一种坦诚的、建设性对话的文化下，团队成员之间可以彼此提意见，也能接受他人的建议，因为大家是为了一个共同的改善实践的目标在努力。

基于视频的教研是专业发展的重要途径。观看视频后大家可以针对师幼互动过程和教学有效性进行讨论、反思，提供相互支持，进行合作学习（Bell，2005）。

只有小组内互相之间有很强的信任感，大家才有可能以一种合作的方式分享自己的想法和经验。要建立这种信任感，最初需要资深从业者做示范。可以在全园会议上播放一些视频片段，由资深从业者示范如何从敏锐而又有建设性地做评论，同时要表现出对他人专业实践的充分尊重，这样才能打消员工最初的犹豫，使之渐渐地参与到小组讨论中，成为常态。

由于建立了友爱和专业的工作关系，工作人员能够彼此帮助、支持和信任。他们公开分享彼此的成就和不足，按照要求的方式提供肯定和支持。最初他们可能倾向于说"好话"，但很快就意识到从专业发展的角度来讲，对话不能停留在表面。这有时会涉及难以说出的话和难以去做的事，但只要他们以尊重、同感和支持的方式分享，都是有益的。现在，员工都力求不断分享和发展他们的理解和学习，并坚持"我们都可以做贡献，我们都可以变得更好，我们可以一起实现我们的目标"。

同事之间相互观摩、高度协作与相互尊重是发展学习共同体的基本要求。我们创造了一个环境，在这里努力工作、接受挑战、承担风险和追求发展的价值观得到认可（Midgley & Wood，1993，p. 252）。

团队合作已经从托儿所内部延伸到家庭中。人们认识到要建立与父母真正的伙伴关系，需要所有利益相关者以平等的身份共同参与到学习共同体中来。

7.10　让父母参与到孩子的学习中

研究结果和政策文件都告诉我们，当父母参与子女的学习时，孩子和父母都可能受益。因此，托儿所建立学习共同体的下一步就是父母的全面参与。

据报道（Sylva et al.，2004），父母参与儿童学习具有以下效果：

- 增强自尊心；
- 更高水平的学业成就；
- 改善孩子与父母之间的关系；
- 提高对教育过程和课程的理解。

但是，实际上，深入参与儿童的学习并没有那么容易。大部分诺兰德托儿所的幼儿家长都忙于工作和家庭生活，尽管他们愿意更多地参与子女的学习，但时间上可能受到很多限制。因此，我们作为一个团队对于增加与父母在子女学习方面的沟通非常重要。

一直以来早期教育机构，包括我们自己的机构都会举办家长之夜和父母一对一谈话会议，并鼓励家长们在时间允许的情况下尽可能参与孩子在托儿所里的活动。上述措施加上定期的家园通信和家长交流册才可能让家长了解幼儿在园的日常生活。

所有这些方法确实能让父母更了解孩子的行为，但那都是表面的了解。没有哪一种策略能让父母了解他们的孩子是如何学习的，以及他们作为父母该如何支持和扩展这种学习方式。上述这些方法也不能帮助我们从父母那里了解他们的孩子，并利用这种信息来改善托儿所的保育实践。

作为一个团队，我们反思了我们希望发展的实践要素。然后，我们与一小部分家长小组分享这些内容，进而明确了以下合作目标：

- 与家长就孩子在家里和托儿所的学习展开有效对话；
- 就支撑儿童学习的理论概念达成共识；
- 就如何更好地支持儿童在托儿所和家庭环境中的学习达成共识；
- 分享让儿童在家庭和托儿所环境中参与学习的策略；
- 记录儿童在家庭和幼儿园发生的有意义的学习。

为了在教学法方面取得革命性的进展，我们观察记录幼儿是如何学习的并与其父母分享我们对幼儿行为的专业解读（Athey，1990）。但目前面临的挑战是如何建立一个工作模式以实现我们的目标，并可持续满足家庭和托儿所的需要。

作为一个工作团队我们认识到，教师与父母之间有相对较强的信息交流，在父母的育儿方式方面教师会尽可能地提供支持。但是，双方在情感交流方面相对较弱，在育儿能力和教育信心方面双方似乎还处在不对等的位置。

我们需要可行的方法，以满足所有家庭和从业者的需求，为儿童谋福利（Whalley，2007）。我们反思了当前与父母合作的方法的有效性，质疑应该如何建立最初的关系。我们逐渐认识到，家访能增加家长与关键他人之间的相互信任。家访的过程中双方都投入了时间，以确保儿童的健康发展，这种时间的投入也是建立一段关系的良好开始，双方能以一种更开放的态度展开对话，不必担心对方对自己的评价，减少了焦虑和疑虑。

增进双方在支持儿童学习的理论基础上的共识有多种方法。我们可以依据《发展指南》观察儿童各领域的发展情况并做记录，我们也可以记录儿童是如何学习的。记录能展示教师所观察到的幼儿学习的特征，同时也可以借鉴相关理论解释儿童的行为，比如拉弗斯的学习投入与健康量表，或艾希的发展框架。

除了这些文本信息帮助家长了解儿童在园的学习外，教师还会组织信息分享环节和非正式的家长小组会议，用来展示儿童在幼儿园的学习情况，同时也鼓励家长们分享他们在家庭环境中对儿童学习的观察。

幼儿在家庭和托儿所表现出来的学习模式能为后续的计划提供参考。计划表原有的指导要点会不断修改和调整，教师同时也会提一些建议给家长帮助他们在家庭中做一些延伸活动。最新的计划表中也会呈现有效学习的特征以及一些实例。

数码相机在家庭和学校环境中的使用，使得记录过程变得更方便和易于共享。记录下来的画面可以用来完成儿童的学习故事，这些故事展示了儿童在游戏中的表现与《发展指南》中的发展目标之间的关联，如儿童学了什么以及儿童是如何学习的。

7.11　园内专业学习共同体的作用

关键他人和混龄小组

托儿所教育的基础理念是关键他人方法（Elfer et al.，2003），该方法重视幼儿、家庭及从业人员的情绪安全和健康。

在这种方法中，每一名儿童都有一位关键他人，他们确保在繁忙和活跃的一日活动过程中每个幼儿都能感到自己是被人理解和受到特别照顾的。员工不知疲倦地工作，以确保他们与幼儿建立的关系是个人的，能回应幼儿的个别需求，使幼儿在自信和独立中成长。提供"专业的爱"（professional love）和亲密关系（Nutbrown & Page，2008），就好像孩子"在关键他人的心中扎根一样"（Elfer et al.，2003，p. 18）。不管付出什么代价，我们都会避免出现那种流水线式的照护方式。

成为幼儿的关键他人对教师的专业要求很高，而人们往往又认识不到"关键他人工作方式意味着高强度、艰苦的工作和重大的承诺"（Elfer et al.，2003，p. 18），因此关键他人的角色常常成为一个有争议的话题。有效和成功地实施关键他人工作方式对儿童的发展很关键，与此同时，所有的工作人员都认识到关键他人如果不能与儿童建立良好的关系会对儿童及其家庭带来消极的影响。这种认识无疑让想要成功做好幼儿的关键他人的从业人员感到有压力。在诺兰德托儿所，关键他人的角色要更复杂，因为我们采用的是混龄的分组方法。幼儿在托儿所期间一直与同一个关键他人在一起，从而避免不同班级之间不必要的过渡。事实上，这种自由流动的混龄分组方式可以使托儿所的所有成员保持稳定，工作人员和儿童都不需要换班，这样可以增加他们在托儿所的归属感。

混龄分组的呼声越来越高，影响范围越来越大，尤其是当人们认识到早期的情绪发展是个体情绪智力的关键影响因素后（Salovey & Mayer 1990；Goleman，1996）。研究结果让我们看到混龄分组可以支持儿童的情绪、认知和心智发展。它有助于儿童发展自我意识、社交能力、与他人的亲密关系，认识自己的感受和他人的感受等。"虽然人类通常不是'一窝'出生的，但我们似乎坚持要他们以这种形式接受教育"（Katz et al.，1990）。

同伴之间的关系

在混龄小组中幼儿之间的关系本身就是一个学习共同体，我们可以看到幼儿在日常的互动中既合作学习也相互学习。

将我们对同胞关系的认识迁移到混龄小组上（Dunn & Kendrick，1982），我们能够发现年龄较小的儿童会模仿年长或更有能力的同龄人。这可以用同伴支架理论（Vygotsky，1978）来解释，幼儿在合作的过程中练习了协商与合作的技巧，同时也培养了有效学习所需要的情商。

通过对儿童之间互动的观察我们可以发现有意识的社会性游戏模式，例如，婴儿运用自己刚刚掌握的动作技能与同伴一起关注他们共同感兴趣的物体；2岁半左右的幼儿在协同游戏中会互相模仿；从3岁开始，同伴群体内出现合作游戏，并成为早期友谊的基础（Goldschmied & Jackson，1994；Bruce，2001）。所有这些都是儿童分享的关键阶段，我们相信儿童在混龄小组中能获得更广泛的互动经验，从而获得情感和社会意识发展，同时有助于有效学习的能力——游戏与探索、主动学习、创造性与批判性思维——的发展。

工作中的伙伴关系

我们采取的关键他人的方法也鼓励更深层次的伙伴关系。在整个早期基础阶段保证同一个关键他人陪伴幼儿及其家庭，有机会使关键他人和父母之间有更深度的交流，建立稳定、安全的关系。

关键他人的工作方式是《法定框架》（DfE，2012）中不可或缺的一部分，它向家长传递了如下重要的信息：

- 所有家长都可以支持孩子的学习和发展；
- 家长有权在各个层面上对孩子的照护和教育做出决定；
- 父母和教育工作者之间成功的合作关系，可以对儿童的学习和健康产生持久和有益的影响。

7.12 为启发和扩展儿童的学习创设支持的环境

过去两年，随着专业学习共同体在托儿所的发展，员工的教学信心发生了积极转变。他们从提供课程转向规划优质的学习机会，激发幼儿、他们的家人和员工团队学习知识和技能的热情。学习共同体带来的最显著的改变之一就是教师创设学习环节的方式，以及他们利用学习环境支持儿童学习的方式。

诺兰德托儿所是如何利用学习环境的

我们有 5 个相互连通的大型室内学习区，通过观察个别儿童的兴趣以及他们在社区中获得的学习经验，教师可以在日程活动中为儿童提供丰富的、持续的学习机会。

每间教室都划分了这 5 个主题区，主题分别是发现、创造、回顾、技术和婴儿巢，5 个区域可以涵盖 7 个学习领域以及有效早期学习的特点。

花园是我们的第六个学习区，从建筑中心可以进入，作为自由活动的延伸全天开放。学习共同体授权员工使用所有可用的物理资源，有效地支持儿童成为积极、独立、自信和自主的学习者。对幼儿游戏的观察记录可以在小组时间以及家园合作的活动中用来与学习共同体中的成员一起讨论儿童学了什么，他们是怎么学的，以及如何通过高质量的互动和学习环境的改善最大限度地扩展儿童的学习。

在瑞吉欧·艾米利亚幼儿园的学习之旅启发了我们，让我们认识到幼儿不仅能在托儿所的直接环境中学习，还能通过我们更广泛的社区环境来学习。

以观察儿童的学习为出发点，在与家长的伙伴关系中分享彼此对儿童兴趣的理解。将有相似兴趣的儿童组成小组，为他们设计专门的活动以支持他们的合作学习，激发和挑战他们的想法，引发新的学习。在学习共同体中工作人员反思并记录如何跨越儿童学习的边界。他们已经认识到，引入计划制度不仅能帮助他们扩展儿童的学习，也能让他们为自己的学习和实践得到扩展。

在学习共同体中，员工和家长通过反思性对话和开放的交流共同建构关于幼儿的知识，他们讨论如何选择资源为幼儿提供开放的学习机会，讨论如何支持幼儿的创造性与批判性思维的发展。下面这两个例子就是他们在学习共同体中的体验。

> 我很喜欢能和她的关键他人分享莉莉的学习。我能理解她为什么要做现在做的这些事情，也懂得我能在家里做些什么来支持她，这真是太好了！我们现在分享关于莉莉的一切，我觉得我能给她更多的东西，对她来说这些信息真的很重要。

> 托儿所在建立真正的共同体感受方面非常出色，家庭中的每个人都被邀请在内并受到重视。我非常了解我的儿子们，包括他们在做什么，他们是如何学习的。我们在家里所做的一切以及我们与托儿所分享的东西，总是对孩子有好处的。他们真的为了了解我们、与我们合作付出了相当多的时间和精力。

在托儿所，孩子们被认为是"活跃的社会主体"和"意义制造者"，因此托儿所的活动是自由流动的、工作坊式的。空间的设计让孩子们能够进行有意义的交流，回顾他们的学习，扩展他们对彼此分享的内容的理解。每个房间本身都能为儿童提供丰富的经验，我们还在户外开辟了种植区种植蔬菜，利用托儿所的环境创设了迷你游戏舱和一个儿童可以自由探索他们的戏剧天赋的小舞台，比如在参观伦敦环球剧场之后，我们最近上演了《暴风雨》（莎士比亚的著作）。

一个大型的室内沙滩与水沟和滑轮系统结合在一起，让孩子们在参观完建筑工地后，可以制作所需的水泥，并与之前在技术室内做好的建筑设计整合在一起。当孩子们利用早期的科学和数学经验、小组协商形成假设时，他们表现出了深层次的学习。

我们鼓励幼儿使用真正的工具。例如，为了方便孩子们练习钉钉子我们引入了木工长凳，甚至在孩子们对车辆感兴趣后到带他们去当地的车库和洗车场调查汽车部件，看着工作人员如何将新的挡风玻璃安装到停在场地上的一辆汽车上。

常驻艺术家支持幼儿创造性地表达自己的想法。在工作室（我们的创意区）里，教师参与了关于可回收材料、自然材料、非商业和商业材料的一个大型项目，以支持儿童的创造力发展。

每个班级都有一个地下室作为儿童的"亲密岛"，提供一个情感安全的空间，幼儿随时可以自由的进来或离开。在这里幼儿可以与关键他人或班级中的其他人分享自己的想法，这种方式能给幼儿一种归属感。"婴儿巢"是婴儿和年幼的孩子不愿意参与活动时可以休息的空间，这样有助于提高他们的身体和情绪健康水平。

在托儿所开展的工作带来的好处是巨大的，孩子们表现出高水平的幸福感和投入（Laevers，1997）。我们对儿童的进展情况进行了细致的监测，可以确信所有儿童都能在我们的照顾中充分发挥其潜力，并有许多超过预期发展水平。自由、流动的环境使儿童能够自主学习，做出选择并挑战适当的风险。混合年龄分组让年龄较大的儿童能够对比自己小的儿童表现出关爱和责任感，并能够示范给年幼的儿童协商、合作和轮流等社会技能。

我们所做的一切依然处在摸索的过程中，但是当我们在本章的讨论过程中看到儿童、家长和工作人员的学习时，我们似乎可以确信专业学习共同体的发展深化了利益相关者的学习。儿童、父母和工作人员对自己学习方式的改变和学到的东西感到欣喜。我们鼓励儿童和成人成为主动的学习者，无论是作为个体还是作为诺兰德学习共同体中的一员。我们鼓励他们通过游戏与探索、创造性与批判性思维获得学习的能力、毅力和喜悦。

参考文献

［1］Athey，C.（1990）*Extending Thought in Young Children：A Parent-Teacher Partnership*. London：Paul Chapman Publishing.

［2］Athey，C.（2004）Pedagogical Leadership *in Pedagogical Leadership*. Nottingham：NCSL.

［3］Bell，J.（2005）*Doing Your Research Project*. Maidenhead：McGraw-Hill.

［4］Bruce，T.（2001）*Learning Through Play：Babies，Toddlers and the Foundation Years*. London：Hodder and Stoughton.

［5］Crowther，C.（2012a）EYFS best practice：prime time-under threes…Physical Development，*Nursery World*，July 9.

［6］Crowther，C.（2012b）EYFS best practice：prime time-under threes…Personal, Social and Emotional Development，*Nursery World*，August 6.

［7］Crowther, C. (2012c) EYFS best practice：prime time-under threes…Communication and Language, *Nursery World*, September 3.

［8］DfE (Department for Education) (2012) *Statutory Framework for the Early Years Foundation Stage：Setting the Standards for Learning, Development and Care for Children from Birth to Five*. http：//www. foundationyears. org. uk/early-years-foundation-stage-2012/or http：//www. education. gov. uk/aboutdfe/statutory/g00213120/eyfs-statutory-framework (accessed 1 January 2013).

［9］Dunn, J. and Kendrick, P. (1982) *The Beginnings of Social Understanding*. Oxford：Blackwell.

［10］Elfer, P. , Goldschmied, E. and Selleck, D. (2003) *Key Persons in the Nursery：Building Relationships for Quality Provision*. London：David Fulton Publishers.

［11］Goldschmied, E. and Jackson, S. (1994) *People Under Three：Young Children in Daycare*. London：Routledge.

［12］Goleman, D. (1996) *Emotional Intelligence*. London：Bloomsbury.

［13］Hasenfield, Y. (1983) *Human Service Organizations*. Engelwood Cliffs, NJ：Prentice Hall.

［14］Jorde-Bloom, P. (1992) *Avoiding Burnout：Strategies for Managing Time, Space and People in Early Childhood Education*. Mt Rainier, Washington, DC：Grypton House.

［15］Katz, L. G. , Evangelou, D. and Hartman, J. A. (1990) *The Case for Mixed-age Grouping in Early Education*. Washington, DC：National Association for the Education of Young Children.

［16］Kolb, D. A. with Osland, J. and Rubin, I. (1995) *Organizational Behavior：An Experiential Approach to Human Behavior in Organizations*. Englewood Cliffs, NJ：Prentice Hall.

［17］Laevers, F. (1997) *A Process-oriented Child Follow-up System for Young Children*. Leuven, Belgium：Centre fo Experiential Education.

［18］Law, S. and Glover, D. (2000) *Educational Leadership and Learning：Practice, Policy and Research*. Buckingham：Open University Press.

［19］Malaguzzi, L. (1993) History, ideas, and basic philosophy, in C. Edwards, L. Gandini and G. Forman (eds) *The Humdred Languages of Children：The Reggio Emilia Approach to Early Childhood Education*. Norwood, NJ：Ablex Publishing.

［20］Marshall, J. (1994) Revisioning organisations by developing female values, in J. Boot, J. Lawrence and J. Morris (eds) *Managing the Unknown by Creating New Futures*. London：McGraw-Hill.

［21］Midgley, C. and Wood, S. (1993) Beyond site-base managemen：empowering teachers to reform schools, *Phi Delta Kappan*, 75(3)：245-252.

［22］Nutbrown, C. (2012) *Foundations for Quality. The Independent Review of Early Education and Childcare Qualification, Final Report*. Runcorn：Department for Education.

［23］Nutbrown, C. and Page, J. (2008) *Working with Babies and Children from Birth to Three*. London：Sage.

［24］Robbins, A. (2001) *Awaken the Giant Within*. London：Simon and Schuster.

［25］Rodd, J. (2010) *Leadership in Early Childhood*, 3rd edn. Maidenhead：Open University Press.

［26］Salovey, P. and Mayer, J. (1990) Emotional intelligence, *Imagination, Cognitlon and Personality*, 9：185-221.

［27］Sylva, K., Melhuish, E., Sammons, P., Siraj-Blatchford, I. and Taggart, B. (2004) *The Effective Provision of Pre-school Education.* London：DfES Publications.

［28］Vander Ven, K. (1988) Pathways to professional effectiveness in early childhood educators, in B. Spodek, O. Saracho and D. Peters (eds) *Professionalism and the Early Childhood Practitioner.* New York：Teachers Collage Press.

［29］Vygotsky, L. S. (1978) *Mind in Society：The Development of Higher Psychological Processes.* Cambridge, MA：Harvard College.

［30］Whalley, M. (2006) Leadership in integrated centres and services for children and families — a community development approach：engaging with the struggle, *Children Issues*, 10(2)：8.

［31］Whalley, M. (2007) *Involving Parents in their Children's Learning.* 2nd edn. London：Paul Chapman Publishing.

［32］Whalley, M. (2011) Personal conference notes.

第八章

提高小学阶段学习质量：从低年级开始

金·波特/**文**

杨　帆/**译**

　　本书的目的是帮助从业者更多地了解儿童如何学习，并反思对儿童的了解会如何影响早期教育实践。在本章，我们将离开早期基础阶段进入关键阶段一。对于从业者而言，我们所了解的关于儿童如何学习以及有效学习的特征的知识在学前班结束之后会产生什么影响？在关键阶段一还有什么空间可供儿童游戏和探索？小学的主动学习会是什么样子的？在一年级及以后，从业者如何为学生提供创造性与批判性思维的机会？

　　尽管《法定框架》的核心价值观也适用于早期基础阶段之后的学习，如其中强调的独立性、批判性思维和自主性都是后续教育甚至高等教育的要素，但在实践中绝大多数中小学学生的学习经历与早期基础阶段是完全不同的。

　　某些领域中不断提高标准的导向从根本上改变了我们的课堂教学。对一些学科成绩的追求也成为教师的优先关注。维多利亚和阿尔伯特博物馆馆长马丁·罗斯（Martin Roth）发出这样的警告：如果艺术学科被排除在课程之外，英国的创新经济有可能不出一代就遭到破坏。与此同时，英国工业联合会(Confederation of British Industry)也一直批评目前"传送带式的教育"(conveyor belt approach)，并呼吁"相较于传统考试，以全人发展为基础设立新的绩效标准能更全面地评估学生的在校表现，同时应建立一个严格的问责制"。

通过对近代教育史的简要回顾可以发现追求，对追求教育成就更高标准的脚步从未停止。虽然自20世纪70年代中期以来，英国历届政府都采取了零零散散的教育改革措施，但由于这些措施均只关注了某一个方面，所以成效并不完整。根据我们自己和国际的基准来判断，这些教育改革确实使我们的教育体系朝着正确的方向在稳步前进，但并没有取得什么令人震撼的效果。

1976年，英国首相詹姆斯·卡拉汉(Jim Callaghan)在拉斯金学院的开创性讲话引起了大范围内的关于公共教育性质和目的的"大辩论"(The Great Debate)，不同政党的政府都认为教育应该为所有儿童提供发展机会，促进儿童各方面的发展。然而，卡拉汉针对20世纪70年代中期的教育体系批评道"只是为那些所谓的较差的孩子提供了刚刚够谋生的技能"(Callaghan，1976)，而这样的情况直到今天仍没有发生实质性的改变。尽管有这么多的改革措施(或者也可能正是因为有这些措施)——包括以培养创造力为目标的国家课程改革，也包括目前注重拉丁语、希腊语和语法的课程表——小学的教学重点依然是学生学了什么而不是怎么学，我们的教育提供给学生的不过是现代版的"刚刚够谋生的技能"。

《普洛登报告》(The Plowden Report)很早以前就设定了一个不同的基调，批判历届政府推行的自上而下的改革措施："教育的核心是儿童。如果不能适应儿童的需要，改进政策也好，添置新设备也好，都无法取得预期的效果。"(CACE，1967)

在历届政府推行自上而下的目标导向的课程改革的同时，还有其他强烈的呼声，要求以儿童的发展和儿童的观点为出发点，强调学校在改革中应该有更多自主权。这些计划旨在为儿童发声(参与机构有学生理事会、学生投资者、学生之声等)，同时投入努力以促进儿童的社会性和个人发展以及社会情感方面的学习(SEAL；DCSF，2005)。小学的从业者有时候有极强的韧性，他们坚持做对儿童发展有意义的事，并对那些对课堂实践毫无意义的措施视而不见，有时候看起来他们似乎是在反对政府的改革措施。

　　希望英国教育标准局《督导框架》的最新变化和修订后的《法定框架》对有效学习特征的强调，以及来自教育部门之外的强烈不满的声音，会给学校带来一个转机，让更多学校而不是只有少数"勇士"可以掌握教育改革的自主权。

　　本章我们会进一步探讨了这个话题。当前的《督导框架》如何支持过程而非目标驱动的课程模式？最新修订的《法定框架》是否提供了一个机会来改变关键阶段一的实践，使目前的教学模式成为过去式？"入学准备"（school readiness）的提法是否已经对学校构成了挑战？英国和其他地方的研究结果能告诉我们什么？教师无法落实以投入、动机和思维为核心的教育理念的障碍是什么，如何克服？希望下面这两个案例以及相应的建议可以给读者一些启发，换个角度来看待和应对目前一年级教学实践中过于强调"正式教学"（formal learning）的现状。

8.1　关键阶段一的现状（2013 年）

　　让我们简要描绘一下当前小学一、二年级的实践现状。近年来，关键阶段一的教学实践受两种势力的影响：一是对儿童在二年级结束时所能达到的标准要求越来越高，二是越来越多的儿童在完成早期基础阶段时还没有准备好进入正式的、分科的课程学习。

　　学前班和一年级之间的过渡已成为学校讨论的核心，人们发现除了适应力极强的儿童，两种教学模式之间的差距对其他儿童来说都是挑战。这种挑战让学校走向了两个不同的方向，至于走向哪边则取决于管理者的教育理念和学校的实际情况。

　　一些学校把"入学准备"的压力放在学前班的最后一个学期，在这一学期里逐渐增加正式的学习内容。儿童花更多的时间围坐在地毯上或桌子边参与教师主导的教学活动，以保证进入一年级时能达到学校的要求。这样做无疑会减少儿童的游戏时间以及基于游戏的学习时间。

　　另一些学校则把一年级的第一学期作为入学准备的关键转折点。他们重新布置教室给儿童一些游戏的空间和时间。教师在实践中一方面认可《法定框架》教育理念的重要性，另一方面又不得不做些妥协。这样的教室环境对儿童来讲是熟悉的，在特定的时间"游戏"是被允许的，但通常是在"工作"或者类似的"黄金时间"（golden time）结束后，能玩多久也会有严格的限制。这样的游戏很少会与教师的教学活动联系起来。

这些教室中的游戏区原本是为那些学业成就不太理想的儿童设计的，但具有讽刺意味的是，进入这些区域的通常都是完成了"工作"的高成就儿童。这样的游戏区在二年级的教室中就很少见了，但是学校里会有诸如"小世界""建筑区"和"阅读区"这样的设置。有时会在教室外设置一个共享区域，例如一个主题角色扮演区，供不同年级和班级的学生使用。

除了教室物理环境的改变外，一些小学也会考虑依据学生的不同学习风格调整教学方式。好的教师知道他们在做课程计划和实施计划的过程中要想办法吸引视觉型、听觉型和运动型（VAK/VARK 模型）等不同学习风格的学生。教师在资格培训后会了解学习风格的重要性，英国教育标准局也强调学习风格与高质量的个性化学习有关。

邓恩等人（Dunn et al.，1978）基于尼尔·弗莱明（Neil Fleming）的 VAK / VARK 模型提出教师应该尝试改变他们的教室以确保不同学习风格的学生能从中受益。尽管有学校对 VAK / VARK 模型过于简化表达了担忧，也有像克拉克斯顿（Claxton，2009）这样的教授质疑研究的科学证据，但他们都认为教师关注学生是如何学习的将有助于改进教育实践。多感官接触机会的增加使得学生能更高效地获得信息。一些教师也已经找到了帮助学生投入学习，有效实现从早期基础阶段过渡到关键阶段的方法。

8.2 入学准备还是生活准备

儿童的入学准备会影响他们的学习和发展。学校为儿童入学做准备可以确保学习环境是适宜儿童的，满足儿童及其家庭的多样化需求。

（UNICEF，2008）

一、二年级的教师可能经常会谈论到结果导向的课程要求与他们对儿童学习方式的根本观念之间的冲突。他们觉得自己的境地就是俗话所说的进退维谷。他们认可儿童的学习应该以游戏为主，但又担心缺乏正式的教学会影响儿童的成绩。

来自管理层面和家长的压力也是一、二年级教师不得不采取正式教学方法的原因。刚入职的新教师更有可能在实践中采取他们在培训课程中学到的教学方式。

一些关键阶段一的从业者也可能会批评早期基础阶段的课程与教师没有为儿童的入学做好适当的准备。最近法律规定要在6月对刚进入一年级的儿童做拼读法的筛查成为新的压力源。《法定框架》缺乏对"入学准备"的明确定义，这造成了不同学校对入学准备的理解千差万别，包括从日常如厕到书写、语言再到儿童的行为。

怀特布雷德和宾厄姆（Whitebread & Bingham，2012）提供了关键的研究证据，表明儿童随时都为学习做好了准备，而没有必要为入学做准备。他们认为，重点是要让儿童为生活而不是入学做好准备。在这点上，他们的观点与英国工业联合会完全一致，英国工业联合会提出教育应该是"以健全、适应为原则发展儿童的行为模式、思维和情感"，我们要"拓展传统的教育目标，帮助儿童获得素质的提升"（CBI，2012）。

一位二年级的学生最近在学校晚餐过程中说："我们长大就不会生活在学校里了。"这也说明学校发生的事情与校门外的世界之间确实存在鸿沟。

8.3　幼小衔接的重要性

正如我们已经讨论过的，学前阶段与小学的课程模式截然不同，所以顺利过渡变得极其重要。理想的情况是，孩子们将会以满满的学习热情进入一年级，取得进步是自然而然的事情，而不会像现在这样经常出现学习退步的情况。当然目前的教育系统，尤其是那些围绕评估的系统无法保证儿童的学习热情和效果。

从学前班结束到关键阶段一结束［以及随后到关键阶段二结束，再到普通中等教育证书（GCSE）成绩］，我们一直在寻找一条直线上升和进步的道路，这创造了一个不折不扣的流水线的产业。一年级的教师追求让儿童在《法定框架》评估系统能达到国家课程要求的水平，后续每个阶段的教师也在做同样的事情，即让儿童达到该阶段课程的要求。修订后的《法定框架》中对终结性评估的要求不太可能改善幼小衔接过程中的信息传递效率问题。在学前班结束时，教师会对儿童在早期学习目标各维度达到的水平做评估：萌发（尚未达成）、达到期望（已经掌握）还是超过期望，这样的评估为一年级教师提供的可能更多是问题而非答案。

常识告诉教师，在早期基础阶段结束时已经取得好成绩的学生会继续在学校生涯中取得好成绩。然而，在 2012 年英格兰北部会议上巴里·海默（Barry Hymer）提出："没有人知道他或她自己的潜力，更别说任何人的潜力都不等同于他或她的能力。"

从《早期基础阶段儿童发展档案》2010～2012 年的数据趋势来看，弱势群体与中产阶级儿童之间的差距正在逐渐缩小，但夏季出生的儿童与同龄人之间的差距依然存在。这些孩子可能会被贴上学习能力不足的标签，尽管证据表明他们的问题更多是来自发育程度而不是能力。

尽管终结性评估系统仍存在未解决的问题，但许多学校教师和校长提供的案例似乎都说明幼小衔接的情况有所好转。学校认识到幼小衔接是值得投入时间和资源来做的事情。要做好衔接，幼儿园和小学应尽可能保持一些方面的一致，同时帮助儿童（和他们的父母）准备好去适应那些不一致。在一些学校里，衔接的过程是长期的，并且真正将儿童作为核心。然而，即使在高度重视的情况下，衔接的措施依然主要集中在环境和基于游戏的学习理念上。

最好的情况是，接受过早期教育培训的教师能够将早期教育理念带入一年级的课堂。然而，在很多情况下，一年级的教师做的是教学和学习的"混合"，他们尝试混合两种不同的课程理念，但重点始终是儿童学习的内容。那些能够将有效学习的特征纳入关键阶段一的教师更能专注于儿童如何学习，并理解他们在改变传统教师角色上所做出的努力能如何提升幼小衔接过程的工作效率——这对儿童及其家庭也大有裨益。

8.4   理论和研究如何支持关键阶段一的实践

早期教育研究提供了丰富的案例来说明帮助教师理解幼儿的学习是有效的措施。从艾萨克斯的有影响力的研究（Isaacs，1932）到有效学前教育项目（Effective Provision of Preschool Education，EPPE）以及有效教学法的相关调查（Siraj-Blatchford & Sylva，2004），许多早期教育理论都提出幼儿是积极主动的学习者，他们通过与成人和同伴的互动来获得知识。

把这些研究看作仅仅适用于幼儿是危险的，很多评论家和研究人员都有证据表明，更大的儿童、成人和幼儿一样，当他们有学习动机、积极投入并批判性思考时学习效果最好。

英联邦的其他地区和更远的地区有相当多的研究支持《法定框架》提出的游戏与探索、主动学习、创造性和批判性思维的价值。玛格丽特·唐纳森（Margaret Donaldson）在其著名的作品《儿童的心灵》（*Children's Minds*，1978）中提出并尝试回答"我们到底为什么要学习？"这个关键问题。这个问题的答案是我们做课程计划、做班级和学校的环境创设的依据，了解这个问题可以更好地激励儿童的学习动机。唐纳森总结说，人类有一个根本的冲动，即"要有效、有能力和独立，要了解周围的世界并掌握生活的技能"。如果能提供激发内在动机的学习任务，平衡任务的难度让儿童既能获得成功又能感到挑战，教师就可以不必再求助于目前学校使用的众多的外在奖励措施了。将教育建立在孩子对技能和知识的自然渴望之上，与他们自己的兴趣相联系，这对于儿童早期的教育至关重要，一年级及之后这样的联系就越来越小了，而外部激励越来越多：贴纸、证书和学分成为日常课堂练习的核心。

目前激励儿童学习的是交通信号灯系统，要"保持太阳而不是乌云"，要争取好的表现以获得"绿灯"。在早期基础阶段中被允许的行为在一年级就会成为问题，因为早期基础阶段课程的核心是儿童，而小学则以英国国家课程标准为重心。

《玫瑰报告》（*The Rose Report*；DCSF，2009）和《剑桥小学评论》（*Cambridge Primary Review*；Alexander，2009）都表明，积极的、互动的和合作的学习经历会让儿童在学龄阶段的学习中受益，并认为小学低年级的教育应该充分利用儿童对学习和实践活动的自然兴趣，鼓励早期学习的信心和热情。2010 年英国政策的变化改变了学校改革的方向，许多学校引入了更富有创造性的课程，鼓励儿童的表达和教师的倾听。

斯堪的纳维亚半岛和中欧国家以社会建构模式为基础的教育体系有着悠久的历史传统，近年来，这些国家的早教方式经常受到教师和其他教育专业人士的推崇，作为他们寻找可替代的工作方式的具体依据。瑞吉欧·艾米利亚早期教育的方法经常被引用并被英国的从业者(参见本书第五章和第七章)实践。

最近有研究支持这种方法对儿童发展的长期效果。例如，一项关于儿童阅读的研究中发现，7 岁前开始学习阅读和 7 岁开始阅读的儿童在 11 岁时的阅读表现没有显著差异。那些学习阅读较早的儿童有个好的开始，他们 7 岁时的阅读表现好于另外一组儿童，但 11 岁时这种优势就消失了，并且他们对阅读的动机和兴趣要更低(Suggate，2007)。

《卫报》(The Guardian；Kingsley，2012)上的一篇文章报道了卢米亚(Lumiar)学校的情况，该学校是由商人里卡多·塞姆勒(Ricardo Semler)创建的，这篇报道询问传统意义上的正规教学能否培养学生的创造力，并得出结论认为不可能。塞姆勒认为，当孩子们对自己所学的知识有发言权时，他们就会学得最好。他说卢米亚项目教学法(Lumiar's project-based system)就是建立在这个原则上。

> 卢米亚学校的教师不按照教学大纲教学。实际上，他们甚至不叫老师。他们被称为导师，他们教学生(0~14 岁)的方式主要是通过与学生讨论。他们没有传统意义上的课程，也没有功课。相反，孩子们都在做"项目"，这些项目一般由导师建议或学生自己发起。
>
> (Kingsley，2012)

卢米亚的教学理念认为学习不是吸收和积累信息的同义词。学习是使你变得有能力做你以前不能做的事情。这种学习观认为学习是一种非常活跃的(互动的、合作的)活动，学习最重要的意义在于使个体逐渐掌握做事情的能力(详见 http：//lumiarschool. wordpress. com/)。这种方法得到了广泛的认可，最近由联合国教科文组织、斯坦福大学和微软公司进行的一项调查称，卢米亚是全球 12 个最具有创新精神的学校之一。

离英格兰很近的北爱尔兰和许多其他国家一样，也认为课程改革需要减少对内容知识的重视程度，并加强对诸如创造性与批判性思维等可迁移的技能的重视。北爱尔兰课程、考试和评估委员会(Northern Ireland Council for Curriculum, Examinations and Assessment；CCEA，2007)指出，"当学习对儿童和教师而言是互动的、实践的和愉快的时，儿童学习的效果最好"；"'思维技能和个人能力'是一年级和二年级基础阶段课程的目标之一"。在威尔士，基础阶段建议将重点放在 3 ~7 岁儿童的"游戏/主动学习"(play/active learning)和"主动的教育游戏"（active educational play）上（Welsh Assembly Government，2008）。

在苏格兰，修订的国家课程体系提出教育的"早期阶段"包括为所有儿童提供两年的辅助学前教育以及小学一年级教育（Learning and Teaching Scotland，2009）。"早期阶段"的实践指导文件要求小学一年级教师采用"主动学习"（active learning）的教学法。

已有的理论和研究提供了丰富的证据，支持学前班以后的教学也应该关注儿童的学习特征，并提醒我们英格兰目前初等教育的理念与英联邦其他地区是不同步的。

研究还提出，小学纳入早期基础阶段的教育模式，其前提是教师的角色转变。苏格兰的一个团队开展的行动研究发现，教师对主动学习的态度与他们的日常实践之间存在差距。他们的研究在一年的时间里跟踪了四所小学的五位教师，这几所学校都重视儿童的主动学习。研究得出如下结论："我们收集的证据表明，虽然在实践中有创新，但这些创新也许只是程度的变化而不是革命性的变化。"（Stephen et al.，2009）研究人员看到了许多有计划、有目的的游戏作为纸笔学习的替代资源，但他们没有看到任何他们可以形容为自发游戏的活动。观察到的活动并非来自孩子的日常经历，研究人员认为，教师培训并没有让他们对自己作为教师的角色进行反思。

8.5 修订版英国教育标准局《督导框架》如何支持关键阶段一的实践

2012 年 9 月，英国学校的《督导框架》在一年时间内进行了第三次修订。《督导框架》的意义是重大的，它为关键阶段一课堂的创新实践提供了更多的可能性。英国教育标准局《督导框架》和教育部致力推动的课程之间有根本的矛盾，前者从根本上关注的是儿童的学习以及如何促进儿童学习，而后者则更多强调正式的课堂教学（Ofsted，2012a）。

督导员被要求把自己的专业视角和教学风格暂时放下，重点关注课堂上儿童的学习。学生在做什么？他们都积极参与了吗？学生知道他们需要做什么来改进活动效果吗？对于从业者来说，这是一个真正的机会，以非传统方式组织他们的环境、资源和授课方式，以及让积极主动、积极参与、坚持不懈的孩子展示他们正在取得的进步。

最重要的变化是从对教学的评估转向对学习的评估。因为没有预设的教学方法，所以课堂的组织不再是评估的重点，教师也不再被要求做知识的传递者。在英国教育标准局的标准中，任何年龄组的有效教学都是要确保儿童的参与、兴趣和专注、决心、适应力和独立性。重点在于儿童正在学习什么，以及他们正在取得的进步。儿童需要能够讨论和表达他们的学习，而教师需要把儿童的学习特点作为教学计划的核心，这样才能培养出能够独立思考、自主学习的学生。

英国教育标准局颁布的《实践指南》强调整个小学阶段都要重视儿童的学习方式，例如他们在六年级推广的探究学习法（An Enquiry-based Approach to Learning；Ofsted，2012b）旨在"将儿童培养成为 21 世纪公民，为社会的可持续发展做出贡献"（Ofsted，2012c）。可以说目前的督导制度重视儿童学习的特点，它将帮助教师从关注儿童"学什么"转向关注儿童"怎么学"。

8.6　优秀实践案例研究

案例研究 1：利兹市霍斯福斯纽莱瑟斯学校，一年级

纽莱瑟斯（Newlaithes）之前是一所初中，2011 年 9 月，学校在旧校区一座新建的教学楼里招收了 60 名学前班儿童。伊丽莎白·迪尔（Elizabeth Deare）被聘为机构负责人，管理学前部。她受到两年前访问瑞吉欧·艾米利亚的启发，认为这次可以在实践中借鉴肯·罗宾逊爵士（Robinson，1999）的研究以及儿童发展相关的理论与实践。

第一年非常成功，入学后儿童的进步明显，82% 的孩子达到了良好的发展水平（good level of development）。父母及主要合作伙伴对儿童的发展感到高兴，孩子们表现出强烈的幸福感和有效学习的特点。父母希望能持续看到儿童的进步，伊丽莎白也希望把这种教学模式延续到一年级。

员工对他们的教育理念一向非常清楚，并认可一些达成该教育理念的

规定。"我们确信，想要儿童自主学习必须给他们控制权……我们知道，为了让学习变得有趣，它必须是与个体相联系的，通过游戏的方式让儿童获得直接经验。我们知道个人的社会和情感发展（personal social and emotional development）是最重要的，我们需要为孩子们提供生活技能。他们应该当之无愧地成为独立的冒险者，他们不怕犯错、坚持不懈，他们可以管理自己的时间并进行自己的研究和学习……他们需要合作，并乐于谈判、善于表达、能倾听和接纳建设性的意见。最后，我们知道父母和更广泛的家庭的参与非常重要，因为我们都对孩子的学习有责任。"

一年级的区域分为四个不同的学习空间，包括一个带有小森林的大型户外区域，60 个孩子可以自由选择。在年初，我们为孩子们开发了两个想象社区——山毛榉森林（Beech Forest）和魔法森林（Magic Forest）。这些社区都属于儿童，是课程的一部分。

在这些社区里，孩子们按自己的想法创建了家庭、工作。他们在这里开展戏剧、识字、数学、科学、设计技术、地理、舞蹈和艺术等活动，也在这里遇到问题、解决问题、讨论哲学与道德两难的问题等。在社区里发起的学习活动中，儿童完全是受内部动机驱动的，也能自己控制自己的学习过程。

孩子们在社区中寻找小偷的活动引发了他们在学校周围寻找线索。他们制作了一幅巨大的足迹图以排除一年级学生的嫌疑。学生们已经与一位警官、一位大律师和一位政治演说家谈过关于建立社区司法体系的想法。一个孩子认为小偷"并不完全是坏的，他们只是非常贫穷"，他的这个观点引发了积极的讨论，孩子们开始考虑我们的社区应该如何照顾弱势群体。

孩子们大部分时间都在没有成人参与的小组中做项目，这得益于孩子们学前阶段在成人支持下做小组项目的经验。孩子们在周一与教师见面，确定项目的性质和方向，然后在这一周接下来的时间里由小组自己来完成项目。这对于培养学生个人、社交和情感技能，口语和听力技巧以及生活技能都非常有帮助。儿童在这些领域的进步对所有的学习，包括阅读、写作和数学都有促进。

教师既关注项目的目标也关心儿童在项目过程中的快乐，他们通过项目来教儿童读写，也会有专门的读写时间。在阅读时间内，儿童选择一个书橱角落，如在广场的中央空间，他们可以独自阅读或与朋友一起阅读，也可以和宠物兔一起阅读。

最近，许多家长在家庭咨询会上都谈到他们的孩子对阅读的积极态度，他们认为阅读既愉快又轻松。在写作研讨会上，孩子们选择他们想写的主题，然后教师引导他们进行下一步的扩展写作。由于拥有更多的自主权和控制权，学生们写作的动机很强。不同文体和风格会在日常的读写课程上教给学生。另外学校也有日常的数学和拼读的课程。

学校力图使用项目教学的方式覆盖所有的课程内容。到目前为止，这一切进展顺利，最近的阅读、写作和数学监测成绩显示，在这三个领域里，绝大多数的儿童的成绩在1b到2b之间，学生在所有领域都取得了良好的进步。

"对于我们来说，坚持我们认为重要的事情一直并将继续是一项挑战，因为课程安排越来越紧张，并且越来越强调知识导向而非让学生在不断做项目的过程中获得技能。"（引自伊丽莎白·迪尔，霍斯福斯纽莱瑟斯小学；Elizabeth Deare，Horsforth Newthlaites Primary School）

案例研究2：火柴信托项目与中央街早期教育学校的合作
——森林学校对处于关键阶段一的儿童的影响

火柴信托项目（Tinderwood Trust）创始人和森林学校负责人艾米莉·琼斯（Emily Jones）介绍了森林学校的教学方法对两个处在关键阶段一的男孩子的影响，其中包括有效学习特点的所有方面。

杰克在一所小型早期教育学校的关键阶段一，他是一个具有创造性的、身体健康的孩子，拥有很大潜力，但几乎没有任何机会可以展现出来。他平静而沮丧，对于老师，他表现得既害羞又有点调皮。

杰克一直在参加学校与森林学校合作的每周一次的火柴信托项目。（学生家长希望孩子们有接触森林学校的机会，所以该早期教育学校才寻求与火柴森林学校的合作。该项目部分资金来自国家彩票资金，分配给火柴信托基金，用于与上科尔德谷（Upper Calder Valley）地区几所学校的合作。

在森林学校，杰克有一个非常好的朋友，他很信任他。他的朋友很安静，从来没有在学校说过什么话，也不喜欢上学。他的妈妈很担心因为他从来没有谈起过他在学校学了什么或做了什么。他的名字是比利。下面介绍的内容发生在项目进行期间的第六至第七个星期。

森林学校有一处藏宝的地方，在美丽的森林深处，杰克和比利开始喜欢上了这里，他们今天从这里选了一根绳子。这是一条很长的蓝色绳子。没有人告诉他们去拿绳子，但他们知道这里所有的材料在需要时都可以供他们使用。他们现在知道了树林里的好多好玩的地方，他们也知道他们可以走多远不至于走出森林学校的范围，因为在边界的地方有些旗子提示着他们。

在森林学校里有一条沟渠，很深、很宽，在它的底部有一条小溪。这是杰克和比利最喜欢的地方。其他人更喜欢靠近这里有动物骨骼的地方，或者有苔藓覆盖着大石块的地方，或者有大山毛榉树伸出大枝条的地方以及在树下蓝铃花和蕨类植物的地方荡秋千。但杰克和比利喜欢沟渠。

森林学校的管理者知道杰克和比利以及所有其他孩子在哪里，他们对所有孩子的能力都有信心，学校的工作人员对孩子们的学习环境越来越感到放松了。有一次，森林学校的领导走到杰克和比利正在忙碌的沟渠边。男孩们深深地沉浸在他们的游戏中以至于当她开口说话询问他们是否需要其他材料时，他们被吓了一跳。"不，谢谢"，男孩们说。她建议道："也许可以喝点水或吃点东西？"她把水和零食留给了孩子们。后来，她看到他们去了有零食的地方，洗手，拿起一杯饮料和一个苹果，然后又回到自己的世界。

随着学习期结束，大人和小孩们都会在火堆旁聚在一起分享他们一直在做的事情。每个星期孩子们都会绘声绘色地讲述冒险的故事，但从来没有出现过杰克或比利的故事。这个上午，学生一直忙于与森林学校的领导分享各种各样的故事。"我一直在和丹和维尔一起忙着观察一只非常漂亮的虫子，然后他们决定给它的行程设置点障碍，不是吗？"她讲述着，丹和维尔骄傲地点头。杰克和比利看起来似乎被点燃了。他们的眼睛里充满了热情，可他们在自己的学校里总是被评价为不敢讲话的人，并且他们自己已经开始相信这一点了。森林学校的领导也知道这一点。

"那，这条蓝色绳子忙了一上午"，她问这个小组，"谁愿意讲述它的故事？"她的话音未落，杰克和比利已经举起了手，然后他们开始讲述了。

"这是我们特殊的秘密通信绳，如果你像这样拉它，这意味着帮助，然后你必须把它绑在树上，并小心翼翼地走下陡峭的边缘，因为它很滑，然后当你到达了那里，你像这样拉它（他解开它并把末端降下来）。有时候情况非常紧急，我们只有一两秒钟的时间（他环顾四周，在森林学校的领导者再次微笑前显得有点紧张），有时我们必须脱掉高背心，挥动它们说好，好吧，我在这里，然后我们再次迅速把它们穿回去。"

他们在这一连串文字说出口之后深吸了一口气，看起来对自己的表述感到满意，他们几乎闪闪发光。老师们惊呆了。

现在，杰克和比利在学校很少有机会通过游戏进行学习了，因为他们正处于关键阶段一，但他们在森林学校的学习还没有结束。他们思维缜密、积极投入、动机高涨地在森林学校环境中学习，而这样的学习方式在普通教室或学校操场上无法实现。他们在学习中很主动：他们会探索并玩自己选择的游戏，遇到困难时会尝试自己的解决办法，并从自己的努力中获得成功；他们有机会尝试他们的想法并通过解决遇到的困难与挑战而获得学习的机会。

比利的妈妈听说过关于森林学校的所有内容，在她还没有做好准备的时候比利已经准备要带家人去森林学校了。比利把他的家人带到了森林学校，向他们展示了一切，他的妈妈几乎不敢相信他有这样的热情。现在，杰克知道了解决问题的不同方法，他对课堂学习的挫败感减少了，并且有时会说他知道现在老师对他的看法有所改变，认为他是有创造性的、有能力的。他开始相信任何事情都是有可能的。在森林学校里的成功孕育着新的成功。

8.7　实用的解决方案：如何将学习特点融入一、二年级

尽管许多从业者可能受到这些案例和其他研究结果的启发，他们会反思当前的做法并期望做出改变，但有些人可能希望先从不太激进的措施入手，以确保在教学实践中能融入投入、动机和思维这几个儿童学习的关键要素。以下内容可供关键阶段一的从业者参考。

游戏与探索——参与

- 发现与探索；
- 将过去经验迁移到游戏中；
- 愿意主动发起行动。

对关键阶段一的启示

- 继续和孩子一起玩耍、保持敏感和鼓励，并留出时间给予反馈（Sutton Trust，2011）。
- 提供刺激和相关的资源，确保环境灵活和不被桌椅完全占据。如果空间不足，有时可以与早期基础阶段的学生共享户外空间。
- 做计划以支持儿童的专注，牢记直接经验对儿童学习的价值。
- 关键阶段一有丰富的角色扮演机会，可以在其中渗透文本内容和学习主题。
- 在角色扮演过程中融入相关的口语和听力活动，并通过一些活动让孩子们探讨一些感受和想法，例如，如坐针毡、良心巷和专家的壁炉台等。
- 将科学课程与"愿意主动发起行动"联系起来，例如尝试做力的实验。
- 也许很难有整块的时间不间断地完成一个项目，但是可以利用零碎时间做持续性的项目，允许学生在特定的兴趣上做更多探索。例如，可以通过这种方式来规划一年级经典的"玩具"主题活动，从他们感兴趣的某一个方面入手，做进一步的调查。

主动学习——动机

- 持续地投入与专注；
- 不断尝试；
- 享受目标达成后的成就感。

对关键阶段一的启示

- 继续支持选择的过程，并通过提供新的、不寻常的经验和资源来激发学生的兴趣，关注是什么引起了他们的好奇心。
- 提前计划以达到目标（具体目标！），讨论下一步的步骤，表扬具体的行为。创设合作学习与相互学习的氛围。花时间谈论孩子们的学习和探索方法，例如让他们看到他们经常卡住的地方，并找到一种继续前进的方式，这样的学习效果最好（Nottingham，2010）。
- 给孩子们读和讲那些在挫折中前进的故事，鼓励他们看到坚持的好处，鼓励孩子靠自身能力和努力而不是幻想那些不可预期的未知因素。
- 根据巴里·海默（Barry Hymer，2012）的"复原力"（bouncebackbility）的理论，创造一种以努力、耐心、小步骤和延迟满足为基本原则的课堂文化。
- 激励仔细观察和对细节的观察。

创造性与批判性思维——思维

- 有自己的想法；
- 建立联结；
- 选择做事情的策略。

对关键阶段一的启示

- 使用思维和学习的语言，鼓励开放式思维，尊重努力和想法。

续表

- 建立自我对话范式，为持续的共享思维提供时间并强调其价值；预留反馈时间；示范计划、执行、回顾的流程。
- 做计划，让孩子们有机会找到自己的方式来发展和表达想法。
- 提供机会使学生在特定的学习活动之前探索和操作，例如，有证据表明，那些早期在不同领域使用 Numicon 教具(可用于抓握、玩彩泥、涂色、角色扮演等)的孩子更愿意参与学习活动。(Numicon 是一种实用的教学方法，旨在让孩子理解数字和数字之间的关系。)
- 提供丰富的游戏机会，这些机会基于儿童在《法定框架》中的实践并能扩展他们的学习。
- 适当时使用思维导图；一起计划主题和项目；建立自己的思维模式，并鼓励表现出非预设的创造性思维。
- 从儿童的问题中找到适合项目的主题，然后让他们通过项目学习来自己找到答案。
- 鼓励员工提问，以便让孩子注意到他们和成人一样都是学习者。
- 允许儿童在一些活动中完成计划、执行和回顾的流程，并讨论他们的学习，可以使用同伴谈话、儿童的小盒子哲学(The Box Philosophy for Children)或者身边的投资者等方法来支持讨论的过程。

8.8 结 论

　　本章的目的是支持小学创造一种促进儿童主动学习和真正参与的氛围。我们已经发现，关键阶段一的从业者往往不愿意被纳入小学教育体系，因为这种体系不适应于之前的《法定框架》课程。尽管对已有理论、研究以及对正式和基于测试的系统感到不满，学校通常还是会选择放弃他们对儿童学习方式的了解，并采用基于信息传输的"空瓶子"(empty vessel)教学法。这种方法有一个好的核心意图——我们如何改善儿童学习的效果？然而，它似乎是对这个正确的问题给出了错误的回答。

　　为了给学生提供适宜的支持，从业者需要认识到，当幼儿遵循他们的天性本能进行游戏和探索、专注于自我选择的挑战、计划并回顾自己的学习时，他们更可能成为自我管理的学习者，并比那些在学习上被动的儿童更有可能在社会和学业上取得好的成就。他们更有可能获得更高层次的思维技能，这将使他们超过该年龄段的学业表现期望，表现出更好的创造性与坚持性。

　　案例研究表明，小学的教学实践可以有不同的方式，我们没必要将实践立足于对儿童有效学习特点的无视。在这方面，修订版的英国教育标准局《督导

《框架》支持实践者采取以学习为中心的教学法。

2012 年《法定框架》在定义"入学准备"和"一年级的正式学习"（formal learning in year one）方面含糊不清。然而，这可以让管理者和从业者绘制自己学校的蓝图，并将学生的投入、动机和思维作为课程的核心内容。

这些核心特征可以与关键阶段一的教学相辅相成，不会相互矛盾。从业者需要重新思考教师和学习者的角色定位，以避免：

> 教师采用一种折中的方法进行教学，在特定的活动或一日常规中关注学习的核心特征，而在儿童的个别化需求和对学习环境的需求方面则只做些细微的调整。这对专业发展是不利的。
>
> （Stephen et al.，2009）

只有当教师、学校和社会认识到教育、课程的核心是培养学生终身学习的能力和态度时，我们才能看到真正的进步和效果。

> 真正有竞争力的技能是学会学习的能力。这指的是一种技能，是你能在学校所学之外的情况做出正确的反应，而不是指你在学校可以正确回答老师的问题。我们需要培养的是这样的人：当他们面对自己没有做过有针对性准备的情况时，依然知道该如何采取行动。
>
> （Papert，1998）

参考文献

[1] Alexander, R. (ed.) (2009) *Children, their World, their Education. Final report and recommendations of the Cambridge Primary Review.* Abingdon: Routledge.

[2] CACE (Central Advisory Council for Education (England)) (1967) *Children and their Primary Schools* (The Plowden Report). London: HMSO.

[3] Callaghan, J. (1976) The Ruskin College speech. http://www.educationengland.org.uk/documents/speeches/1976ruskin.html (accessed 10 November 2012).

[4] CBI (Confederation of British Industry) (2012) *Education Campaign: Ambition for All in Schools.* http://www.cbi.org.uk/campaigns/education-campaign-ambition-for-all/ (accessed 20 November 2012).

[5] CCEA (The Northern Ireland Council for Curriculum Examinations and Assessment) (2007) Materials availa-

ble online at: http://www. nicurriculum. org. uk/docs/key_ stages_ 1_ and_ 2/northern_ ireland_ curriculum_ primary. pdf(accessed 25 November 2012).

[6] Claxton, G. (2009) *What's the Point of School?* http://www. dystalk. com/talks/49-whats-the-point-of-school (accessed 9 January 2013).

[7] DCSF (Department for Children, Schools and Families) (2009) *Independent Review of the Primary Curriculum* (Rose Report). Nottingham: DCSF Publications. Available at http://www. thrass. co. uk/downloads-docs13. htm (accessed 25 November 2012).

[8] DCSF (2005) Social and Emotional Aspects of Learning (SEAL). http://www. teachfind. com/national-strategies/social-and-emotional-aspects-learning-seal-improving-behaviour-improving-learning (acessed 1 January 2013).

[9] DfE (Department for Education) (2012) *Statutory Framework for the Early Years Foundation Stage: Setting the Standards for Learning, Development and Care for Children from Birth to Five.* www. foundationyears. org. uk/early-years-foundation-stage-2012/ (accessed 1 January 2013).

[10] Donaldson, M. (1978) *Children's Minds.* London: Fontana Press.

[11] Dunn, R. , and Dunn, K. (1978) *Teaching Students Through Their Individual Learning Styles: A Practical Approach.* Reston, VA: Reston Publishing Company.

[12] Hymer, B. (2012) Passion, potential, performance. Paper presented at the North of England Education Conference, Leeds, January.

[13] Isaacs, S. (1932) *The Nursery Years: The Mind of the Child from Birth to Six Years.* London: Routledge and Kegan Paul.

[14] Kingsley, P. (2012) Michael Gove's National Curriculum reforms: where's the creativity? Education Guardian Series "Doing things differently", *The Guardian*, 19 November.

[15] Learning and Teaching Scotland (2009) *Curriculum for Excellence.* Available online at http://www. ltscotland. org. uk/curriculumforexcellence/curriculumoverview/index. asp (accessed 11 May 2010).

[16] Nottingham, J. (2010) *Challenging Learning.* London: JN Publishing Ltd.

[17] Ofsted (2012a) *The Framework for School Inspection from* 2012. http://www. ofsted. gov. uk/resources/framework-for-school-inspectionseptember-2012-0 (accessed 25 November 2012).

[18] Ofsted (2012b) Good practice resource - an enquiry-based approach to learning: St Anne's CofE Primary School. http://www. ofsted. gov. uk/resources/good-practice-resource-enquiry-based-approach-learning-st-anne% E2% 80% 99s-cofe-primary-school (accessed 20 January 2012).

[19] Ofsted (2012c) Good practice resource-preparing children to be 21st century citizens, contributing to sustainable communities: Southwood School. http://www. ofsted. gov. uk/resources/good-practice-resource-preparing-children-be-21st-century-citizens-contributing-sustainablecommunit (accessed 20 January 2012).

[20] Papert, S. (1998) Child power. Speech delivered at the eleventh Colin Cherry Memorial Lecture on Communication, Imperial College, London, 2 June.

［21］Robinson，K.（1999）*All Our Futures：Creativity，Culture and Education.* The report of the National Advisory Committee on Creative and Cultural Education. London：DfEE/DCMS.

［22］Siraj-Blatchford，I. and Sylva，K.（2004）Researching pedagogy in English preschools，*British Educational Research Journal*，30（5）：713-730.

［23］Stephen，C.，Ellis，J. and Martlew，J.（2009）. *Turned on to Learning* 2：*Active Learning in Primary One.* Applied Educational Research Scheme，Research Briefing 8. http：//www. ioe. stir. ac. uk/staff/documents/AERSresearchbrief8. pdf（accessed 15 January 2013）.

［24］Suggate，S.（2007）Research into the Early Reading Instruction and Luke effects in the development of reading，*Journal for Waldorf/ R. Steiner Education*，11（2）：17.

［25］Sutton Trust（2011）*Toolkit of Strategies to Improve Learning：Summary for Schools*，*Spending the Pupil Premium.* http：//www. suttontrust. com/research/toolkit-of-strategies-to-improve-learning/（accessed 24 November 2012）.

［26］UNICEF（2008）*Getting Ready for School：A Child to Child Approach.* http：//www. unicef. org/education/index_ 44888. html（accessed 9 January 2013）.

［27］Welsh Assembly Government（2008）*Play/Active Learning：Overview for 3 to 7-year olds.* http：//new. wales. gov. uk/topics/educationandskills/earlyyearshome/foundation_ phase/foundationphasepractitioners/playactive/？lang = en（accessed 16 November 2012）.

［28］Whitebread，D. and Bingham，S.（2012）*School Readiness：A Critical Review of Perspectives and Evidence.* TACTYC Occasional Paper 2.

中英文术语翻译对照表

第一章

能力、毅力、兴奋——skill，will，and thrill

游戏与探索——playing and exploring

主动学习——active learning

创造性与批判性思维——creating and thingking critically

《早期基础阶段法定框架》——*Early Years Foundation Stage Statutory Framework*

《早期基础阶段儿童发展档案》——*Early Years Foundation Stage Profile*

《发展指南》——*Development Matters*

独一无二的儿童——a unique child

自我控制——self-regulation

积极的关系——positive relationship

支持的环境——enabling environments

学习与发展——learning and development

安全依恋——secure attachment

高瞻课程——the High Scope

直接教学——direct instruction

有效学前教育项目——Effective Provision of Pre-School Education

有准备的、有毅力的和有能力的——ready，willing，able

心流——flow

关键阶段一——key stage 1

英国教育标准局——Ofsted

《督导框架》——*Inspection Framework*

第二章

元认知能力——metacognitive skills

最近发展区——zone of proximal development

支架——scaffolding

外在控制——other-regulated

自我效能感理论——self-efficacy theory

归因理论——attribution theory

自我决定理论——self-determination theory

服从——compliance

执行功能——executive functioning

心理理论——theory of mind

自我中心——egocentric

做与不做——Do's and Don'ts

反应或不反应——Go/No Go

延迟满足任务——delay of gratification tasks

棉花糖实验——marshmallow task

剑桥郡自主学习项目——Cambridgeshire Independent Learning Project

事件——event

《3~5岁幼儿自我控制的行为观察评估表》——*Checklist of Independent Learning Development*，*3~5*

计划、执行与回顾——plan, do and review

支持性的共享思维——sustained shared thinking

交互教学法——reciprocal teaching

可视化——learning visible

元认知对话——metacognitive talk

自言自语——private speech

共同注意时间——joint attention episodes

注意转移——attention-shifting

注意跟随——attention-following

第三章

有效学习——effective learning

有效教学——effective pedagogy

社会文化——sociocultural

主体性——agency

投入——involvement

愿意发起行动——willing to have a go

游戏——play

探索——exploration

开放性材料——open-ended material

探索游戏——exploratory play

安全基地——secure base

调谐——attunement

游戏力——genuine playfulness

寻宝游戏——treasure baskets

避风港——safe haven

控制感——sense of control

持续的共享思维——sustained shared thinking

客体永久性——object permanence

符号思维——symbolic thought

自由流动——free flow

入学准备——school readiness

第四章

社会建构理论——social constructivist theory

"动手""不动脑"——hands-on, brains-off

内部动机——intrinsic motivation

外部动机——extrinsic motivation

行为主义理论——behaviourist theory

正强化/负强化——positive reinforcements/negative reinforcements

掌握目标——mastery goals

表现目标——performance goals

学习目标——learning goals

成长型思维方式——growth mindset

固定型思维方式——fixed mindset

微妙信息——subtle message

同化与顺应——assimilation and accommodation

认知失调——cognitive dissonance

《勒文投入量表》——*Leuven scale for involvement*

独一无二的喜悦——distinctive joy

实在性——being

生成性——becoming

第五章

火警响起来——fire alarm went off

打开——turn on

思维的语言——language for thinking

瑞吉欧·艾米利亚教学法——Reggio Emilia Pedagogy

大脑锻炼——brain exercise

高强度的心理活动——intense mental activity

学习工具包——learning toolkit

学习者共同体——community of learners

服务和反馈——serve and return

第六章

全景图——big picture

沃金厄姆区议会——Wokingham Borough Council

隐形大猩猩实验——Invisible Gorilla Experiment

早期学习目标——Early Learning Goals

工具包——tool kit

第七章

学习共同体——learning community

专业学习共同体——professional learning community

诺兰德托儿所——Norland Nursery

建构主义——constructivism

福禄贝尔教学法——Froebelian Pedagogy

异质分层法——heterarchical approach

权力下放——power for

权力集中——power over

潘·格林中心——Pen Green Centre

专业的爱——professional love

第八章

英国工业联合会——Confederation of British Industry

传送带式教育——conveyor belt approach

大辩论——The Great Debate

正式教学——formal learning

黄金时间——golden time

有效学前教育项目——Effective Provision of Preschool Education

卢米亚项目教学法——Lumiar's project-based system

游戏/主动学习——play/active learning

主动的教育游戏——active educational play

探究学习法——An Enquiry-based Approach to Learning

良好的发展水平——good level of development

社会和情感发展——personal social and emotional development

山毛榉森林——Beech Forest

魔法森林——Magic Forest

霍斯福斯纽莱瑟斯小学——Horsforth Newthlaites Primary School

火柴信托项目——Tinderwood Trust

复原力——bouncebackbility

儿童的小盒子哲学——The Box Philosophy for Children

空瓶子——empty vessel

一年级的正式学习——formal learning in year one